社長の決意で
交通事故を半減！

社員を守る
トラック運輸事業者の
5つのノウハウ

マネジメントシステムコンサルタント
特定社会保険労務士
山本昌幸 著

労働調査会

まえがき

　いま、中部トラック総合研修センター（一般社団法人愛知県トラック協会）の講師控室でこの「まえがき」を書いています。
　今日は、同センター主催の「物流安全管理士講座」の「運輸安全マネジメントにおける安全管理計画書の作成指導」講義を担当すべく控室にいるのです。
　この講座は、約5か月間、11のカリキュラム（60時間）のうち70％以上に参加し、当日私が講義する「安全管理計画書」を適切に作成できた場合に物流安全管理士としての認定証が発行されるものです。
　このような講座に休日返上で出席されている管理者やドライバーの方には、ただただ頭が下がります。
　本書の執筆内容である「交通事故を半減させた取組み」は、この「物流安全管理士講座」や、同センターの別の講座である「物流大学校講座」を受講されている方々から

　・運輸業における事故削減効果が大きな取組みはないか？
　・労働時間が削減できる取組みはないか？

とのいくつもの問い合わせに対して、私が策定した取組みを実際にいくつかのトラック運輸事業者様で実施し、成果が出た内容をまとめたものです。
　そのなかでも顕著な成果として会社全体で

　　年間82件の交通事故が43件に半減し
　　（さらに1か月あたりの労働時間を1人13時間43分削減）、

しかもすべての営業所で交通事故が削減された取組みを中心に紹介していきます。

申し遅れましたが、私はマネジメントシステムコンサルタント、マネジメントシステム審査員として20年近く活動している山本昌幸と申します。そのなかで運輸事業関連では「運輸安全マネジメント」、「ISO39001（道路交通安全マネジメントシステム）」の専門家として、著作も執筆しております。

また、社会保険労務士としても25年ほど活動しております。

本書は、交通事故を削減するためのマネジメントシステムの専門家として執筆いたしました。

マネジメントシステムの専門家として、運輸事業者の交通事故を半減させた取組みを中心に説明しますが、具体的取組みについて、成果が出るか否かはその組織の状況により変わりますので、本書では、

交通事故を防止・削減させるためのフレームワークを学んでください

多くのビジネス書では、「○○で■■ができる！」という類の表現が多いのですが、残念ながら"○○"で"■■"できることは少ないものではないでしょうか？

その原因は、各組織や個人ごとで状況が異なるにもかかわらず、全く同じ取組みをしてしまい成果がともなわないことにあります。ですから、「まるっきり同じ取組みをマネる」という考えではなく、

■■ができるフレームワークを学んでいただきたいのです！
（本書の場合、「■■＝交通事故防止・削減」）

この考えにより、自組織や自分に合った取組みを実施され、あなたの会社で交通事故が削減されることを期待してやみません。

また、交通事故を削減するコンサルタントの方にも本書を活用していただきたく思います。

社長の決意で交通事故を半減！
社員を守るトラック運輸事業者の5つのノウハウ

もくじ

まえがき ——————————————————————— 1

序章　交通事故を半減させた取組みとは？ ——————— 7
1　すべてのことに根拠がある ——————————————— 8
2　社長の不退転の決意：成し遂げるためにともなう痛み ———— 9
3　交通事故の大きな原因は？ —————————————— 14
4　ドライバーからの猛反発はないのか？ ————————— 22
5　荷主への協力要請 —————————————————— 23
6　交通事故削減のための仕組みの構築 —————————— 25
7　人事評価制度を活用しよう —————————————— 27
8　交通事故削減のための「就業規則」を作成 ——————— 31
9　なにごとにも活用できる「マネジメントシステム：PDCA」— 32

第1章　社長の不退転の決意とは？ ——————————— 37
1　運輸事業経営の重大責任と誇りを認識する ——————— 38
2　意識が低すぎる？　運輸事業者の社長 ————————— 42
3　「なぜ、なぜ」を追究するとほとんどは「社長が悪い」？ — 46

第2章　交通事故半減のための具体的な取組み ————— 55
1　交通事故半減のための具体的な5つの取組み ——————— 56
　(1) 実際に交通事故を半減させた具体的な取組みの内容 ——— 56
　(2) 長時間労働の是正 ————————————————— 57
　(3) 荷主企業（元請け業者）への協力要請 ———————— 58
　(4) 交通事故削減の仕組みの構築 ———————————— 59
　(5) 人事評価制度の活用 ———————————————— 59
　(6) 交通事故削減のための「就業規則」の作成 —————— 59
　(7) プロジェクトリスクの認識及び対応 ————————— 60
　(8) プロジェクトの「議事録」の重要性 ————————— 65

⑼　交通事故削減には「仕組み」を活用しよう ──── 65
2　長時間労働是正への取組み ──────── 68
　⑴　時短が可能か否かの重大判断 ──────── 68
　⑵　時短が難しい業種のチャンピオンである運輸事業 ──── 69
　⑶　社長による不退転の決意表明及び「方針」の策定・発表 ──── 70
　⑷　プロジェクトメンバーへの基礎教育 ──────── 73
　⑸　労働時間、残業時間などの現状把握 ──────── 73
　⑹　「自己申告書」の活用 ──────── 74
　⑺　「自己申告書」に記載された時短ネタの分類 ──── 79
　⑻　「自己申告書」以外からの時短につながる意見集約 ──── 80
　⑼　変形労働時間制の検討 ──────── 81
　⑽　時短のための施策実施前に ──────── 81
　⑾　時短のための30の施策 ──────── 85
　⑿　施策実施のための実施計画 ──────── 92
　⒀　いざ、実施！　社長、経営層の本気度が試される…… ──── 93
　⒁　実施計画を実行していく ──────── 101
　⒂　荷主企業（元請け業者）への協力依頼 ──────── 106
　⒃　一歩進んだ時短のための「プロセスリストラ」の考え方 ──── 109
　⒄　「稼ぎたいドライバー」も本音は「休みたい！」 ──── 114
　⒅　どれくらい時短が実現できたのか？ ──────── 115
　⒆　時短が実現できなかった営業所、ドライバーへの対策 ──── 117
　⒇　ドライバー、従業員の声に耳を傾けて ──────── 117
3　交通事故削減の取組み ──────── 120
　⑴　「起きてからの対策」より「起きる前の対策」が100倍重要 ──── 120
　⑵　成果の出る取組みとは？ ──────── 121
　⑶　「運輸安全マネジメント」とは？ ──────── 125
　⑷　「ISO39001：道路交通安全マネジメントシステム」とは？ ──── 127
　⑸　自組織に合った仕組みで交通事故を防止・削減しよう ──── 128
　⑹　「①『マニュアル』の作成」について ──────── 130
　⑺　「②『やるべきことカレンダー』の作成」について ──── 139
　⑻　「③17種類の帳票の使用」について ──────── 141
　⑼　「できる」と「できた」の違い ──────── 144
　⑽　一番悪いのはなにもしないこと ──────── 149

⑾「場当たり的な取組み」ではなく「仕組み」を構築しよう ── 149
⑿ 毎年の「物流安全管理士講座」の安全対策発表会の内容 ── 150
4 交通事故削減に有益な人事評価制度を活用しよう ── 154
 ⑴ 交通事故削減につながる人事評価制度とは? ── 154
 ⑵ 交通事故削減と「就業規則」 ── 167
 ⑶ 複雑にしてはいけないドライバー向け人事評価制度 ── 167
 ⑷ 評価者を苦しめない評価制度とは? ── 172
5 荷主企業(元請け業者)へ協力要請しよう ── 177
 ⑴ 会社の規模に関係ない2種類ある荷主企業 ── 177
 ⑵ 「品」のある組織と取引しよう ── 181
 ⑶ 荷主企業の態度にここ最近変化が…… ── 182
 ⑷ PR活動を最大限活用しよう ── 185

第3章 交通事故削減のための「就業規則」の作成 ── 189

1 マネジメントシステム審査で出会った優良企業
 (マニュアルを徹底的に使いこなす) ── 191
2 どうせ作成しなくてはならないのであれば、使えるものにしよう ── 194
3 交通事故削減につながる「就業規則」とは? ── 195
4 使いこなすための「就業規則」、業務マニュアルとしての「就業規則」── 200
5 「就業規則」は隠さないで ── 207
6 不利益変更は誤解 ── 209
7 「交通事故削減のための就業規則」=「従業員を守る就業規則」── 211
8 「就業規則」の作成を社会保険労務士に丸投げしないで ── 212
9 交通事故削減の仕組みを理解したうえで作成することが必要 ── 214
10 製造業の手順書の"わかりやすさ"を「就業規則」に組み入れよう ── 215
11 「就業規則全社員向け説明会」は必ず開催しよう ── 217

終章 いざ、プロジェクトを立ち上げて開始しよう! ── 219

1 交通事故削減対策の手詰まり感? ── 220
2 まずは、取り組んでみては? ── 224
3 「有言実行」あるのみ ── 226

あとがき ── 227

序章

交通事故を
半減させた
取組みとは？

すべてのことに根拠がある

　いままで、5冊の著作、250社以上に対するフルコンサルティング※、200回以上のセミナー講師を経験しましたが、そのほとんどでお伝えしていることが、

　　　　問題には必ず原因がある ということです。

仮に"問題"を"成功"に置き換えると

　　　　成功には必ず要因がある となります。

これらのことは、失敗原因や成功要因を後づけして評論することではなく、真の問題を取り除くためには、原因を追究したうえでその原因を取り除くことにより問題解決が実現でき、成功を再現させるためには、真の成功要因を明確にしたうえでその要因を活用することにより成功が再現できるということをお伝えしたいのです。

　また、以上のことを別の表現にすると

　　　　すべてのことに根拠がある ということになります。

このことは当たり前のことですが、日常、認識されずに業務遂行されている事例がいかに多いことでしょうか。

　本書をお読みのあなたは、前述の原則を常に認識したうえで、読み進めてください。

※フルコンサルティングとは？
　数か月に及ぶキックオフからプロジェクト終結に至る完全コンサルティングのこと。

社長の不退転の決意：
成し遂げるためにともなう痛み

■**プロジェクト成功のカギ**

　企業にとって目的を達成するためのプロジェクトにコンサルタントとしていくつも参加させていただきましたが、そのプロジェクトが成功するか否か……ようするに、目的を達成するか否かを決定づける大きなポイントがあります。それは、

社長が不退転の決意をして社内に周知する

ということです。社長の決意が適切に社内に伝われば、プロジェクトは半分成功したようなものです。

　通常、なにかを得るためには、なにかを放棄しなくてはなりません。ようするに「目的を達成するためには、なにかを放棄しなくてはならないことを社長自身が理解しているのか？」ということです。そのことをよく理解したうえで、社長が不退転の決意ができるのであれば、プロジェクトの成功は近くなるのです。

　ただ、このことができない社長が非常に多いことも事実です。

　私も経営者の端くれとして人材を雇用している立場から、経営者は非常に欲張りであることを承知しています。

　この「欲張りであること」は、社長にとって短所とは言い切れず、逆に長所であることも理解しています。ただ、なんでもかんでも自分の思いどおりになることはまれであり、目的達成のためには犠牲があることを理解してほしいのです。

　ですから可能であれば、プロジェクトに取り組むことによる（目的を達成するための）リスクをすべて洗い出し、そのリスクを受け入れる覚悟ができた場合に、不退転の決意をして社内に周知していただき

たいのです。

　通常、プロジェクトが失敗やフェードアウトしてしまう原因として、リスクをあらかじめ洗い出していないこと、そのリスク対策を施していないことが考えられます。

　あなたの会社でも、この「プロジェクトリスク」についてプロジェクト開始前に明確にしたことがないのではないでしょうか。

　この「プロジェクトリスク」は、通常、"成し遂げるためにともなう痛み"のことです。

　例えば、交通事故削減のためには、それにともなう痛みがあることは理解されていますか？　現段階では、交通事故の原因がなにであるのか触れていませんので、具体的な「痛み」がどのようなものなのかの明確化は控えますが、読者であるあなたには、自身の問題として考えていただきたいのです。

　「痛み」を理解したうえで、社長がプロジェクト成功に対する不退転の決意を社内（従業員）に周知したところで、会社によっては、「あー、また、社長のアレね」で片づけられてしまう場合があります。

　このような会社は、いままで従業員は社長の気まぐれに散々つきあわされ、振り回されてきた過去がある会社です。

　社長がどこかの会合で聞いてきた情報、コンサルタントから聞こえのよい文言でその気になった場合及び最悪の事態をあおるセミナーへの出席などが"社長の気まぐれ"という「プロジェクト開始宣言」につながるのですが結局フェードアウトで終わってしまいます。

　しかし、このような場合、そもそもなにか問題を認識してプロジェクトを開始したと思うのですが、その問題の原因を特定せずに取り組んでしまったのですから、プロジェクトが成就するわけがありません。

　「問題には必ず原因がある」のですから、その原因を取り除くためのプロジェクトであるべきですが、プロジェクトを支援する立場の方は、自分のサービスや製品を売りたいがために、原因特定というプロセス

を省いて会社にプロジェクトを開始させてしまう場合があるのです（というか、プロジェクトを支援する立場の方自身が「問題には必ず原因がある」ということを認識していないと思えます）。

すべてがこのような経過をたどるとはいいませんが、可能性としては少なくはなく、実際、プロジェクトがフェードアウトしてしまう事実からもうなずけるでしょう。

■決意を周知する３つの条件

以上のような失敗を防ぐためには、会社トップである社長が不退転の決意を社内に周知する際に、従業員が「あれ？　なんだか今回はいままでと違うぞ！」と思えるようにしなくてはなりません。

そのために必要なことは次の３つです。

①プロジェクトのPDCAを回すことを宣言する
②プロジェクトの必要性を明確にする
③後に引けない状況をつくり出す

①プロジェクトのPDCAを回すことを宣言する

　PDCA※については、**本章⑨**で解説しますが、プロジェクトのPDCAを回すことにより、やりっぱなしを防ぐことができます。

　この「やりっぱなしを防ぐことができる」ということを従業員に理解させるためには、PDCAを理解させる必要があります。また、このPDCAは仕事をしていくうえでとても重要なことなので、ちょうどよい機会としてPDCAの考え方を社内に浸透させてください。

※PDCAとは？
　管理業務を円滑に進めるための手法の１つ。PLAN（計画）→DO（実行）→CHECK（検証）→ACT（改善）の４段階を繰り返すことによって、業務を継続的に改善する。

②プロジェクトの必要性を明確にする

　問題解決や改善のためにプロジェクトを実施するのですから、問題の原因や改善のために必要な要因を明確にします。これにより、問題の原因を取り除くためのプロジェクト、改善のために必要な要因を実現するためのプロジェクトを実施することの必要性及び有益性を従業員に理解させることができます。

③後に引けない状況をつくり出す

　これは、プロジェクトのフェードアウトが許されない状況をつくり出すことです。

　過去にフェードアウトしたプロジェクトについて、正面から社長に異議を唱えられる従業員は少ないのではないでしょうか。そのような「不完全であることが許されてしまう状況」だからこそ、プロジェクトが完遂できないのです。それならば、あえてプロジェクトを完遂せざるえない状況をつくり出せばよいのです。

　私は、20数年前に勤務していた会社で、上司に「私、社会保険労務士志望なんですよ」と伝えたところ、「いつ資格を取得したんだい？」と尋ねられ、「いや、まだ受験したことはありませんが、今年受けるんですよ」と、あえて自分にプレッシャーをかけていました。

　では、社長が後に引けない状況とはどのようにすればよいのでしょうか。実は簡単なのです。社長より上の立場の方や組織（例えば顧客など）にプロジェクトの取組みを宣言してしまえばよいのです。

　ようするに、「不言実行」という逃げ道をつくっているからダメなのです。ボランティアなど、人知れず役に立つことを行う場合の「不言実行」は美しいものですが、ビジネス上の「不言実行」は成就しなかった場合の「逃げ」だと思います。ビジネス上は、「有言実行」を徹底してください。

　社長は以上の３つのことを実施することにより、従業員に「あれ？

なんだか今回はいままでと違うぞ！」と感じさせなくてはならないのです。

交通事故の大きな原因は？

■**交通事故原因特定のポイント**

「問題には必ず原因がある」が大原則であることは説明しましたので、「交通事故」という大問題にも原因があることは理解できるでしょう。

しかし、現実には交通事故削減のための取組みとしてどれほど、その原因を特定したうえで対策を施しているのでしょうか？

私も、国土交通省（国交省）がISO9001(品質マネジメントシステム)を参考に策定した「運輸安全マネジメント」や、ISO39001（道路交通安全マネジメントシステム：RTSMS）を数多くの運輸事業者に指導しておりますが、「交通事故の原因特定」についての認識が浅いと思われる組織が非常に多いことに驚かされます。

本来、運輸安全マネジメントやISO39001に取り組む場合、交通事故の原因特定は非常に重要な項目であるにもかかわらず、残念ながら、その点があまり認識されていないように思えるのです。

とくにISO39001の場合、規格で「RTSパフォーマンスファクター」を特定することが要求されていますので、その規格要求を適切に理解したうえで十分に活用すべきです。

> 「ISO」と聞いて、皆さん尻込みしないでください！
> 「ISO39001に取り組んでください」ということではないので
>   少し我慢して読み進めてください！

確かにISOについては、ISOを上手く使いこなせていない組織（もしくは完璧に使いこなして卒業した組織）からは不要論が出ていますが、それぞれのISO規格を理解したうえで、その仕組みを構築して運用していけば、十分な成果が得られるツールです。だからこそ、全世界

3 交通事故の大きな原因は？

で活用されているのです。

特にISO39001は、世界一の交通事故削減国家であるスウェーデンの提案により、同国が議長国となり策定されたマネジメントシステムです。

私も、2011年から2013年にかけて4回にわたりスウェーデンのストックホルム、イエテボリ及びボラスなどを訪問し、スウェーデン道路交通省（日本の国交省に該当）、スウェーデン規格協会、ＳＷＥＤＡＣ（スウェーデンにおけるＩＳＯ認定機関）などを訪問し、ISO39001策定責任者、ISO39001策定事務局責任者、ヴィジョンゼロ（交通死亡事故をゼロにするための国策）運営責任者、ボルボ・カーズ政府窓口責任者などから直接レクチャーを受けました。その経験から、交通事故削減に向けての素晴らしいヒントを得ることができました。

■ISO39001の用語の定義

ISO39001における、「パフォーマンス」に関連する用語の定義を以下に記します。

◀ ISO39001の用語の定義（抜粋）

用　語	定　義
RTS	道路交通安全 Road Traffic Safety
パフォーマンス	測定可能な結果
RTSパフォーマンス	RTSへの貢献に関する、組織のマネジメントの測定可能な結果
RTSパフォーマンスファクター	組織が影響を及ぼすことができて、かつ組織がそれを用いてRTSへの影響を判定できる、RTSに貢献する測定可能な要因、要素及び基準

『道路交通安全(RTS)マネジメントシステム ― 要求事項及び利用の手引き』
（日本規格協会発行）より

まず、ごく簡単に表現しますと、「ＲＴＳパフォーマンス」とは、交

序章　交通事故を半減させた取組みとは？

通事故の発生件数と理解するとわかりやすいでしょう（道路交通安全の測定可能な結果と考えるとほかの表現も多々あります）。

　そして、ISO39001の優れている点というか、非常に重要な要求事項が「ＲＴＳパフォーマンスファクター」なのです。

　直訳すると、「交通事故発生の要因」でしょうか。ただ、この表現だけの場合ですと、そこからの発想や展開が乏しくなりますので、ここではもう少し別の表現を考えてみましょう。

　一口に「交通事故発生の要因」といっても、さまざまな要因が考えられます。その要因を自社の置かれた現状や、自社が特定したリスクに応じて特定するという考え方です。ここで重要なことは、「自社の置かれた現状」や「自社が特定したリスク」を十分に認識したうえで、ＲＴＳパフォーマンスファクターを決定しなくてはならないことです。

　交通事故削減への取組みを開始する場合、この「自社の置かれた現状」を明確にせずに、利害関係者や、その利害関係者のニーズやリスクの特定もしないで漠然と取組みを開始する場合がなんと多いことでしょうか。

　このように、重要なことが抜け落ちた交通事故削減対策を始めてしまうこと自体、非常に無駄であり、即刻修正してください。

■交通事故削減に有効な仕組み

　そのうえで参考になるのが、ISO39001です。なにもISO39001の審査を受けて認証取得する必要はありません。このISO39001という交通事故削減に非常に有効な仕組みを活用すればよいのです。

　ISO39001の仕組みを活用することにより、ロジカル（理論的）に、交通事故削減のＰＤＣＡをわかりやすく回していくことができるでしょう。ただ、残念なことは、マネジメントシステムのエキスパートとしてISO39001を深く理解している指導者が非常に少ないことです。その対策としては、ISO39001の規格解説本の良書がいくつか出版されて

いますので、社内のある一定以上の役職者（できれば複数）が、その良書を熟読したうえで、社内エキスパートとして自社を指導されることをおすすめします（詳しくは拙著『CSR企業必携！交通事故を減らすISO39001のキモがわかる本』（ゼルバ出版））。

話を「交通事故発生の要因＝RTSパフォーマンスファクター」に戻しましょう。

ISO39001では、目標（一般的には交通事故削減目標）を達成するためにRTSパフォーマンスファクターに関する「要素」と「基準」を規定することが要求されています。この「要素」と「基準」の意味として

要素：事例の成立や効力に必要不可欠な条件

基準：判断の基礎となる指標、満たさなくてはならないこと

と定義されています。

例えば、一般貨物自動車運輸事業におけるドライバー乗務前のアルコールチェッカーの使用は「要素」であり、0.00ミリグラムが「基準」となります。

事故削減への取組みには「交通事故の原因特定」が重要であることは説明しましたが、ISO39001では、段階を踏んだうえで、交通事故発生の要因であるRTSパフォーマンスファクターを特定していくので、成果の出やすい交通事故防止対策に取り組めるわけです。

■交通事故の原因とは

では、交通事故の大きな原因はなんでしょうか？　ここでは、細かな原因はさておき、大枠で考えていただきます。

過去4回にわたり、ISO39001策定の議長国であるスウェーデンに訪問したことは前述のとおりですが、その際、交通事故削減のための重要なヒントに気づきました。

スウェーデンは世界一の交通事故削減大国であり、ヴィジョンゼロという交通死亡事故・重傷事故をゼロにする取組みが1997年に国会で

承認され、翌1998年の取組み開始以降、目覚ましい成果をあげることができました。日本も、交通事故削減ではスウェーデンに近い成果はあげていますが、日本とスウェーデンの違いはなにか考えてみました。「自社の置かれた現状」を読み替え、日本の現状とスウェーデンの現状で大きな違いはなんでしょうか？

　ここでも、ISO39001の助けを借りましょう。

　ISO39001には、あらかじめ10個の「中間安全成果ファクター」がリスト化されています。そのなかには、交通事故の要因がたくさんあります。

　以下、列挙してみます。

---

①重傷事故・死亡事故が起こりにくい道路設計と安全な速度
②ユーザー（利用者、車種、積荷など）ごとの適切な道路の利用
③安全機器（シートベルト、ヘルメット、チャイルドシートなど）の利用
④車両タイプや天候、状況などを考慮した安全速度
⑤疲労、アルコール及び薬物などを考慮したドライバーの適格性
⑥車両、ドライバーの選択などを考慮した安全な計画（運行管理計画、配送計画、旅行計画、出勤表など）
⑦車両の安全性
⑧適切に運行するための免許、認可及び条件
⑨不適切な車両、運転手及び乗客などの道路網からの排除
⑩衝突後の対応と応急手当、緊急事態への準備及び衝突後の回復とリハビリ

　本書はISO39001の解説本ではないので、これら一つひとつの説明は省きますが、交通事故の要因として大まかなイメージが湧くのではないでしょうか。

　以上、10個のなかでスウェーデンと日本の大きな違いに心当たりはありませんか？　私が着目したのは、⑤疲労、アルコール及び薬物などを考慮したドライバーの適格性です。そのなかでも「疲労」です。

　では、ドライバーの「疲労」の原因はなんでしょうか？

その答えは **長時間労働** です。

■長時間労働の実態

私は、「スウェーデンの運輸事業者のドライバー」と「日本の運輸事業者のドライバー」の大きな差は労働時間だと考えました。

本来でしたらここで、労働者1人の年間平均労働時間の比較データを示したいところですが、日本のデータの場合、短時間労働者が多く含まれているデータのため、実態を把握するには不適切ですから割愛します。

労働者1人の年間平均労働時間の比較データは示しませんが、スウェーデンにおける次の事実をお知らせします。

法律で月50時間以上、年200時間以上の残業は禁止されている

その結果、スウェーデンは日本と比較して残業時間が非常に少ないのです。

日本では、月の残業時間が80時間以上の事業場に対して労働基準監督署が立ち入り調査を実施することが定められていますが、スウェーデンでは、そもそも月の残業時間が80時間以上は法律で禁止されているのです。あなたの職場ではどうでしょうか？

さらに日本では、「改善基準告示※」があり、拘束時間（労働時間＋休憩時間）が月293時間まで許されています（12か月のうち6か月は、年間拘束時間が3,516時間以下の場合は、月320時間まで可）。

そして、現在自動車の運転の業務では、時間外労働限度時間が除外されていますので、月100時間の時間外労働を協定している組織が散

※改善基準告示とは？
　「自動車運転者の労働時間等の改善のための基準」（1989年労働省告示）の略称。

見されています。

　そもそも、時間外労働をさせる必要がある具体的事由としては、「突発的な受注」、「臨時の受注」などと、想定外の事由が発生した場合に時間外労働を行わせることが協定されているはずです。

　しかし、実際は前述の協定をしている組織では、100時間近くの時間外労働が常態化しているのが実態ではないでしょうか。

　ようするに突発的でも、臨時でもない日常の業務として月100時間近くの時間外労働が発生しているのです。このことはなにを意味するのか？

　それは、

運輸事業者のドライバーは常に疲労している状態

ということになります。

　この「運輸事業者のドライバーは常に疲労している状態」は、非常に危険な状態です。

■交通事故削減のポイント

　以上、まとめますと、事業用自動車の交通事故削減対策として、

ドライバーが疲れている状態をなくす

ことが重要であり、そのためには、

ドライバーの長時間労働是正への取組みが必要 なのです。

　このことをISO39001の調査でスウェーデンに訪問して気づいたのです。ようするに、

ドライバーの長時間労働こそが交通事故の発生原因である

のです。

ですから、運輸事業者として交通事故を根本的に削減したいのであれば、ドライバーの残業時間を削減していけばよいのです。

いままで、交通事故の原因がドライバーの長時間労働であることに気づいていた方もおられると思いますが、そもそも

ドライバーの時短（残業削減）なんてできるわけがない

と決めつけていませんでしたか？

確かに「ドライバーの時短」は難しいのかもしれません。しかし、決して不可能ではありません。特に昨今のドライバー不足に端を発した荷主企業に対する運輸事業者優位となる風潮も手伝って、時短に関して取り組める要素が非常に増えてきたのです。

また、交通事故削減活動やISO39001に取り組んでいる運輸事業者で長時間労働対策を行っていないのであれば、それは、苦手な重要受験科目を克服せずに難関校にチャレンジしている受験生のようなものでしょう。

ドライバーからの猛反発はないのか？

　運輸事業者が時短に取り組む場合、ドライバーからの反発が予想されます。なぜ反発するのか？
　　　それは **残業代が減り、手取りの給料が減る** からです。
ようするに、**給料が減るのなら、時短はしない方がよい** ということです。

　ドライバーの気持ちもわからないではないのですが、長時間労働が交通事故の大きな原因であることを考えると、「はい、そうですか。ではあなたはいままでどおり長時間労働でしっかり稼いでくださいね」とは到底言えません。
　このように長時間労働をいとわないドライバーは、運輸事業者にとっても非常にありがたい存在であり、その"ありがたい存在"が嫌なことをなぜわざわざ実施しなくてはならないのか？　と思う管理者や社長も多いのです。しかし、便利だから、使い勝手がよいからといって、交通事故の原因を放置してよいのでしょうか？
　例えが極端かもしれませんが、スポーツ選手が記録が伸びるからといってドーピングをやめられないことと同様ではないでしょうか？
　「ドライバーの長時間労働を法令違反のドーピングと一緒にしないでいただきたい」と、反論がきそうですが、あなたの会社の長時間労働も立派な法令違反ではないでしょうか？　どの部分が法令違反なのかよくよく考えてみてください。
　ドライバーからの反発については、**第2章①(7)**で詳しく説明します。

荷主への協力要請

　交通事故削減への取組みには、社長による不退転の決意が必要であることは説明しましたが、その決意を荷主への協力要請という形で表しましょう。
　えっ？　「荷主になんか協力要請できないし、荷主が協力してくれるなんてありえない」ですって？
　実は、それがそうでもないのです。
　確かに10年くらい前でしたら交通事故削減への取組みについて荷主への協力要請などしようものなら、聞く耳を持たれないのはマシな方で、ひどい場合、ほかの運輸事業者に乗り換えられることさえありました。
　しかし、最近ではある程度の話を聞いてくれるようになりました。
　私の関与先であるいくつかの運輸事業者では、荷主企業から「当社と御社はWin-Winの関係ですから」と言われたり、そのような態度を表明されています。
　どういうことなのでしょうか？　当該運輸事業者や私が思うには、

　　　　　　運輸事業者の囲い込みが始まっている のです。

　本書をお読みの運輸事業者の方も、「最近、荷主の態度が柔らかくなってきた」とか「要望を聞いてくれるようになった」などと感じたことはありませんか？
　真面目な先を読める荷主企業であれば、ドライバー不足を鑑み、将来、自社の物流が滞る可能性があることを予測できるはずです。その"Xデー"が到来したときのために運輸事業者を大切にしていく姿勢は自然な流れであると思われます。
　もちろん、自動運転などの技術的進歩も期待でき、どこまで深刻な

ドライバー不足という事態になるのかは不透明ではありますが、社会的責任を意識している荷主企業であれば、単に低廉な運賃だけで運輸事業者を選択しないものです。

　騙されたと思って、荷主企業に

> 「わが社もいま以上に交通事故削減への取組みを開始することになったので、荷主企業様にいろいろお願いするかもしれませんが、そのときはよろしくご検討ください」

と、メールでも手紙でも送ってみてください。

　この荷主への協力要請については**第2章**で詳しく説明します。

交通事故削減のための仕組みの構築

　交通事故削減のためのアプローチはさまざま考えられますが、効果を出すためには、次の2つのことを絶対に忘れないでください。その2つとは、
　①交通事故の原因はなにか？
　②仕組みで運用すること

　①については、既に説明したとおりです。
　②については、決して思いつきの活動にしないことが必要です。
　交通事故削減に有益だからといって、「ヒヤリ・ハット情報の収集」、「ハザードマップの活用」、「ナスバネットの活用」、「ドライブレコーダーの装着」などを次から次へと実施したところで、成果は限られます。これらの施策や機械・設備でできることを、有機的につなげていくことが必要なのです。
　この考え方は交通事故削減の取組みだけではなく、すべてのことに共通しています。ようするに、ある目的を達成するための取組みは「仕組み」で運用しなければ効果は限定的なのです。
　では、交通事故削減の仕組みとしてどのようなものがあるのかを見てみましょう。

(1) 運輸安全マネジメント

　「運輸安全マネジメント」とは、国交省がISO9001（品質マネジメントシステム）を参考に策定した交通事故削減のための仕組みです。この「運輸安全マネジメント」は、すべての運輸事業者（たとえ5両のトラック事業者であっても）が取り組まなくてはならない義務事項と、

多くの車両を保有している運輸事業者（トラックの場合300両以上）を対象としたガイドラインに基づく取組みの2種類があります。

　ただ、交通事故削減という成果を得るためには、ガイドラインに基づく取組みが必須でしょう。

(2) ISO39001（道路交通安全マネジメントシステム：RTSMS)

　ISO39001については、**本章**③で触れていますが、世界一の交通事故削減先進国であるスウェーデンの提案により策定され、ISO化したマネジメントシステムです。

　以上、交通事故削減の仕組みを2つご紹介しましたが、この2つの内容に沿って忠実に取り組むことで効果が表れると期待できますが、これらの仕組みを自社で運用しやすいようにカスタマイズして独自の仕組みを構築することが重要です。

　運輸事業者ごとで交通事故の原因は異なりますし、置かれた状況も違いますので、それらを根拠とした自社にとって最適の仕組みが構築できるとよいでしょう。

人事評価制度を活用しよう

■導入すべきでない人事評価制度

　運輸事業者で人事評価制度と聞くと、「果たして効果はあるのか？」と思われる方もいるかもしれませんが、

運輸事業者にとって効果が期待できる人事評価制度

が構築できるのであれば、大きな効果を発揮できます。

　ここで少々、人事評価制度のうんちくを紹介しましょう。
　人事評価制度を導入する場合、絶対やってはいけないことは次の2つです。
　①外部コンサルタントにすべてをお任せする
　②パッケージ化された人事評価制度を導入する
　①は論外ですね。しかも非常に高価になります。
　この「論外」の導入プロセスとしては、「コンサルタントによる現状のヒアリング」→「会社、経営トップとしてどのような人事評価制度にしたいかのヒアリング」→「コンサルタントがお任せで作成した『人事評価制度ファイル』を渡される」→「『人事評価制度ファイル』について、担当者へ内容説明」→「人事評価制度の全社員説明会実施」。こんな感じでしょうか。
　このようなプロセスで人事評価制度が策定されても、ほとんど機能しません。機能しない根拠としては、
　・会社の実態が反映しきれていない
　・自分たちで構築していないので制度を理解しきれない
　・「絵に描いた餅」的な内容が散見される

ことなどがあげられます。

　ある意味当然のことでしょうが、次のような経緯で人事評価制度を導入した場合、これはこれで価値があるのかもしれません。
・金融機関から融資を受ける交換条件として
・世話になっている会社からの紹介

　これらの理由で人事評価制度を導入する場合、そもそも、人事評価制度を機能させようとは思っていないので、使えなくても全然かまわないのです。ですが、高い利子や高い交際費といえます。

■パッケージ化の問題点

　②については、どのような導入プロセスで人事評価制度を導入するのかが非常に重要です。一番よい方法は、プロジェクトチーム（4人から15人ほど：組織の状況や従業員数により異なる）を編成し、コンサルタントの指導の下、プロジェクト活動により人事評価制度を導入していく方法です。この方法の場合、その企業の実態を反映した人事評価制度ができあがる確率が高いですが、実は1つ問題があるのです。

　　それは、**担当コンサルタントが人事評価制度の完成の最終形をあらかじめ決めている**ことです。

　そもそも、人事評価制度を指導するコンサルタントが1つの手法しか理解していないので、その手法に導かれることになります。

　もう少しわかりやすく表現すると、人事評価制度に取り組む前に、完成する人事評価制度が決定しているということです。大相撲で例えるなら初日を迎える時点で優勝力士が決まっているようなものです。

　本来コンサルタントは企業などの課題を正しい方向に導くことが仕事ですから、人事評価制度の着地点をあらかじめ決定しておくことが100％悪いとはいえません。しかし、プロジェクトは生きていますので、皆が真面目に前向きにプロジェクトに参加したのであれば、さまざま

な意見が出され、方向性が変わっていくことが十分に考えられます。その場合、コンサルタントの独断で別の方向性に向かうことを阻止することはよいことなのでしょうか？　それも、その「別の方向性に向かうこと」を阻止する理由が、担当コンサルが「別の方向」の知見を有していないという理由であればなおさらでしょう。まさに、コンサルタントは自分の持ち合わせている知識を活用して解決を図りたがるの典型です。

「自分の持ち合わせている知識を活用してなにが悪い」と言われそうですが、自分が持ち合わせていない別の知識を活用した方がよい成果を得られる場合であっても、自分の知識の利用を優先してしまうのは問題です。

コンサルタントは「知識」を売ることが商売ですが、これを自動車ディーラーの「自動車」を売ることに例えると、ブルーのスポーツカーがほしい場合に、訪ねたカーディーラーにスポーツカーの在庫がシルバーしかなかったとき、ディーラーの担当者から、「ブルーをやめてシルバーを購入してください」と言われたら不審に思いませんか？それと同じことです。

担当コンサルタントは、人事制度導入プロジェクトが悪い方向に進むというリスクを回避する義務がありますが、もう1つ別の見方をすると、ちょうどよい機会として人事制度導入プロジェクトを別の方向に導くことも必要なのです（注：この「リスクと機会の考え方」について、現時点では、人事制度コンサルタントで理解されている方はほんのごく僅かですが、非常に重要な着眼点なので記載しました）。

以上が「あらかじめパッケージ化された人事制度」は導入すべきではないと考える根拠です。自社の現状やニーズを反映した人事評価制度を導入すべきです。

■期待できる人事評価制度とは

　私も800回以上のマネジメントシステム監査を実施していなければ、前述のような考え方はしなかったと思うのですが、実際に監査の過程でさまざまな人事評価制度を目の当たりにすると、いかにその組織に合致した人事評価制度を導入することが組織発展のために重要であるのかが理解でき、**本節の最初に記載した**

①外部コンサルタントにすべてをお任せする

②パッケージ化された人事評価制度を導入する

は、おすすめできないという決論になりました。

　ですから、この２つの手法によらない

　　　　運輸事業者にとって効果が期待できる人事評価制度

を構築すればよいのです。

　運輸事業者にとってどのような効果が期待できる人事評価制度が必要なのでしょうか？

　　　　それは、**交通事故削減につながる人事評価制度** です。

交通事故削減につながる人事評価制度については**第２章**で解説します。

交通事故削減のための「就業規則」を作成

「就業規則」と聞いて、あなたはどのような文書と理解していますか？
一般的には、
・労働条件を規定した文書
・会社と従業員が守るべきルールを規定した文書
・会社や従業員の義務を明確にした文書
と理解されていると思います。

では、交通事故削減という着眼点で見た場合、「就業規則」とは、

交通事故削減を実現するために必要なやるべきことを明確にした文書

と位置づけられるのではないでしょうか。

もちろん、「就業規則」とは、労使双方の義務を規定した文書であることに変わりありませんが、単に労使双方の義務を規定しただけの文書ではなく、別の実現すべき大きな目的（この場合、交通事故削減）を達成するために必要な取組みを規定して徹底活用するためのツールなのです。

少々専門用語を使用すると、任意的記載事項として交通事故削減のためのルールを規定することになります（「ルール」を規定した場合、「任意的記載事項」と位置づけられるかは別として）。

交通事故削減のための「就業規則」については**第３章**で解説します。

序章　交通事故を半減させた取組みとは？

なにごとにも活用できる「マネジメントシステム：PDCA」

■PDCAの重要性

　ここ数年、行政官庁や企業をはじめ、あらゆる組織で「PDCAの必要性」が唱えられています。PDCAとは、下記の要素を順に用いる改善の仕組みです。

　P：PLAN：計画
　D：DO：実施、実行
　C：CHECK：検証、確認
　A：ACT：改善、処置、是正

　ようするに、「P」で計画して、その計画を「D」で実行して、実行した内容を「C」で検証して、検証した結果、改善が必要であれば「A」で改善して、改善した内容を次の「P」の計画に反映させるのです。

　PDCAを理解したつもりになっている人で一番多い誤解は、「A」で完結するというものです。PDCAは期限のあるプロジェクト以外は永遠に回っていきますので、「スパイラルアップ（継続的な改善による好循環）」という言葉があるのです。

◆ **PDCAの継続**

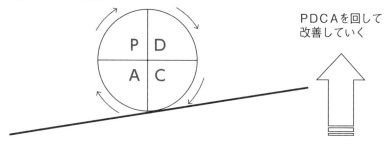

PDCAを回して改善していく

また、PDCAには、何10年もかけて回している国家プロジェクト的な大きなPDCAもあれば、5分で回ってしまうごく小さなPDCAもあります。

◆ 大きなPDCAと小さなPDCA

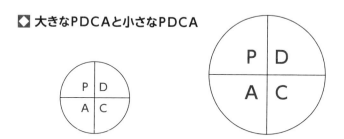

あらゆる組織でPDCAの必要性が唱えられていることを前述しましたが、ここで強く言いたいことは

　　　　単にPDCAを回しているだけでは成果はあがらない

ということです。

　ようするに **適切なプロセス管理を施したうえでPDCAを回すことにより成果があがる** のです。

■プロセスの概念とは

　このことに触れると、PDCAだけではなく「プロセス」についても説明しなくてはなりません。

　この「プロセス」の概念。実は、あまり理解されていないように思えるのです。

　通常、「プロセス」とは、「手順」、「仕事」、「過程」、「工程」と理解されていると思いますし、すべて間違っていないでしょう。

　ただ、今後、「プロセス」とは、

インプットをアウトプットに変えること

と、理解してください。インプット＝入力、アウトプット＝出力。つまり、入力を出力に変えることです。

電波を音声や画像に変えることは、テレビジョン受信プロセスですよね。

◆「プロセス」とはインプットをアウトプットに変えること

アウトプットは、インプットに対する結果ですから、インプットがないとアウトプットはありえないのです。

アウトプット（結果、成果）は、カビや苔と違うのですから、自然発生などはありえません（厳密には、カビや苔もインプットがありますが）。

そして、「プロセス」には、「ＰＤＣＡ」同様、大きさも複雑さもさまざまであり、何100段階もある複雑で大きなプロセスもあれば、たった１つの単純なプロセスも存在するのです。

◆ １つのプロセスと複雑なプロセス

１つのプロセス：→○→

複雑な何100段階のプロセス：
　　→○→○→○→○→○→○→○→○→○→○→……
注：○がプロセス

9 なにごとにも活用できる「マネジメントシステム：ＰＤＣＡ」

　以上、「ＰＤＣＡ」と「プロセス」について、ごく簡単に説明しましたが、もう１つ重要なことは、

すべてのことに「ＰＤＣＡ」があり、すべてのことに「プロセス」がある ということです。

　ですから、なにか目的を達成するため、「ＰＤＣＡ」や「プロセス」を理解していないことは非常に問題であるといえます。

　この「ＰＤＣＡ」、「プロセス」について、常に認識したうえで、かつ、**本章**の冒頭で記載した「すべてのことに根拠がある（問題には必ず原因がある、成功には必ず要因がある）」も認識して以降の頁を読み進めてください。

第1章

社長の不退転の決意とは？

運輸事業経営の重大責任と誇りを認識する

■ドライバーはリスペクトされるべき

　私が常に運輸事業者のトップにお願いしていることは、

　トラックやバスは大量殺人兵器となってしまうことを認識してください ということです。

　トラックやバスは使用方法や管理方法を誤ると、大量の人命が奪われます。実際、悲惨な事故が後を絶ちません。では、トラックやバスを使用・管理する主担当者は、どなたでしょうか？

　　　　　　　それは、**ドライバー** です。

　そのドライバーが心身疲れている状態で、大量殺人兵器となりうるトラックやバスを適切に使用や管理ができるのでしょうか？
　トラックやバスを大量殺人兵器に例えることについてお叱りを受けるかもしれませんが、使用目的が違っていても、結果的に大量の人命を奪う可能性があることは否定できません。運輸事業者はそれほど責任が重い業種なのです。そして、日本の経済を支えるうえでも非常に重要な業種であり、ほかの業種からもっとリスペクトされる（敬意を払われる）べきなのです。しかし、実際の扱いはどうでしょうか？
　特に荷主企業は、運輸事業者の皆さんを（に）、
　・軽視していませんか？
　・無理難題を突きつけてきませんか？
　・不当に運賃値下げをしてきませんか？
　・過積載を要求してきませんか？
　・納品時刻を分単位で要求してきませんか？

これらのことはすべて「ＲＴＳパフォーマンスファクター」です。そうです、交通事故発生の原因を作っているのは運輸事業者を軽視する一部の荷主企業ではありませんか？

　そしてもう１つ。前述の要求などを拒否するまともな運輸事業者に対して、なんでも要求を呑んでしまい、その結果、安全対策が全くできていない不良運輸事業者（表現が悪くてスミマセン）の存在も無視できません。

　これらの「不適切要求荷主企業」、「不良運輸事業者」がトラックやバスの事故を誘発しているといったらいいすぎでしょうか。

■荷主が囲い込む事業者とは

　序章⑤で、既に荷主企業による「運輸事業者の囲い込みが始まっている」と説明しましたが、すべての運輸事業者に対して、荷主企業からの囲い込みが始まっているわけではありません。囲い込みが始まっている運輸事業者とは

①運賃が安いだけの不良運輸事業者
②荷主・社会から必要とされている運輸事業者 です。

　①の運賃が安いだけの不良運輸事業者は、安全管理ができていない業者ですから、現状、いずれ消えゆく事業者です。ただ、できれば交通事故被害者を出す前に一刻も早く改善していただきたい。それは、国交省も社会も同じ思いなのではないでしょうか。現時点では、「安かろう悪かろう」、「でも安いことはよいことだ」と荷主企業から囲い込まれているだけの話です。

　ここで１つ、自社の製品に愛着を持っている荷主企業の方に質問です。

自分の愛する人を整備不良の飛行機で運行し、安全管理も行き届いていない航空会社の旅客機に搭乗させたいですか？

　えっ？　ヒトとモノは違う？　確かに、ヒトとモノは違います。ただ、

モノであっても愛着が湧かないのですか？　自社製品に愛着の持てない企業の製品を消費者が購入するでしょうか？　そのような企業は、

> 「当社は自社製品に愛着はありません。ですから、安全管理が行き届いていない低廉な運賃だけが自慢のトラック事業者に自社製品を輸送させています」

と、社会に公表できますか？

■運輸事業者の重大責任とは？

②**荷主・社会から必要とされている運輸事業者**の運輸事業者こそ業界のお手本となるべき業者です。もちろん、法令遵守が完璧とまではいかないのかもしれませんが、業界内において相対的に見て優良業者と言えるのでしょう。社会や顧客から必要とされる企業は人材不足の可能性が低く、社会から必要とされる企業です。

また、社会から必要とされる**業種**という観点でも考えてみましょう。

一般的に運輸事業は社会から必要とされている業種です。なくなっては困る業種です。しかし、そのことに胡坐(あぐら)をかいていませんか？

残念ながら運輸事業者の経営者のなかで、安全を軽視している社長がいることは否定できません。また、このことは運輸事業に限らず、「どうせあいつらは〇〇だから」、「代わりはいくらでもいるから」と、従業員をモノ扱いしている社長も散見されます。

私から言わせると、「どうせあなたみたいな社長は〇〇だから」、「あなたみたいな社長の代わりはいくらでもいる」のです。

どうか運輸事業者の社長をはじめ経営層の方々、働く方々、

運輸事業の重大責任と誇りを認識してください！

そして、

安全の実現には金がかかる

ということを認識してください。しかし、お金をかけてでも安全の実現には、それだけの価値があるのです。

第1章　社長の不退転の決意とは？

 意識が低すぎる？　運輸事業者の社長

　運輸事業者の重大責任と誇りを認識していただく必要性を**前節**で説明しました。しかし、その認識が非常に甘い社長をはじめ経営層の方々、働く方々が散見されているのが事実です。
　なかでもとてもよくない傾向が、

　　　交通事故や荷役事故に慣れてしまっている　ということです。

これは非常に悲しいことです。別の表現にすると、

　　　　　　　人命を軽視している

ということになります。
　慣れきっていることについて交通事故や荷役事故を含めて列挙しますと、
　　・交通事故、荷役事故及び労災事故
　　・長時間労働
　　・法令不遵守
　　・顧客クレーム
　　・人手不足　　　などです。

　これらのことに、経営者として慣れきってしまって大丈夫なのでしょうか？　問題意識を持たずにこの状態が普通になってしまうと、それなりの人材しか集まらなくなります。
　25年ほど前でしょうか。物流関係の業界紙に年末になると、「血みどろの忘年会」などのような見出しの記事が掲載され、忘年会を開催したのはよいが、ドライバー同士が喧嘩をして忘年会会場が血みどろ

の様相になったという趣旨の記事が掲載されていましたが、未だにその延長線で組織運営している運輸事業者が生き残っているのだと思われます。

このような"それなりの人材"で組織運営している運輸事業者がまさに前述の状態に慣れきっている業者といえましょう。さらに

> 「法令を守ったり、まともなことなんかやっていたら運輸事業なんか経営できない」

と主張する社長までいて、もうあきれるばかりです。

このようなことを申し上げると、

> 「山本さんは、ISOや真面目に運輸安全マネジメントに取り組もうとする中堅・大手運輸事業者だけを相手にしているので、小規模・零細の運輸事業者のことなんかわからないのですよ」

と、よく言われます。それに対して、「全くわかりません。そんなことなんかわかりたいとも思えません」と、熨斗をつけて言い返したいのですが、私自身、マネジメントシステムコンサルタントやマネジメントシステム審査員以外にも社会保険労務士として小規模・零細の運輸事業者さんと25年来、おつきあいさせていただいておりますので、状況は理解できます。

ただ、運輸事業者にとって一番大切にしなくてはならないこと、優先的に考えなくてはならないことは、

安全 です。

ですから、その「安全」を優先的に考えられなくなった運輸事業者には存在意義がないと思うのです。

現状、私のマネジメントシステムコンサルタント、社会保険労務士としての関与先運輸事業者であっても不完全な事業者は散見されます。

第1章　社長の不退転の決意とは？

　しかし、こればかりは私の方で勝手に乗り込んでいき、安全への取組みを強制することはできません。その代わり、協力要請があれば、私の頭につまった保有知識をすべて提示しますので、ぜひとも活用していただきたいものです。
　そもそも、運輸事業者にとっての「安全」の重要性は、大規模・中堅業者と小規模・零細業者と隔てはありません。そのため、大規模・中堅業者では許されなくて、小規模・零細業者なら許されるという甘い考えは一切捨てていただきたいのです。
　ですから、前述の「小規模・零細の運輸事業者のことなんかわからないのですよ」という言い分を正しく言い換えると

> 「山本さんは、中堅・大手や小規模・零細運輸事業者にかかわらずISOや真面目に運輸安全マネジメントに取り組む運輸事業者だけを相手にしているので、安全を軽視している不良運輸事業者のことなんかわからないのですよ」

となるのです。そしてその回答は前述と全く変わりません。
　しかし、現状では不良運輸事業者であっても、「運輸事業者は安全が第一」ということに目覚められたのであれば協力を惜しまないことも伝えておきます。ただ決して、上辺だけの取組みや体裁を取り繕うための活動は控えてください。
　どのような優良な運輸事業者であっても、法令遵守100％はありえないと思います。そして、今後も100％遵守は無理だと思います。そのような場合でも、少しずつ改善できていければよいのです。法令遵守率を昨年よりは今年、今年よりは来年、来年よりは再来年というように上げていけばよいのです。まさにPDCAを回して継続的に改善していくのです。
　運輸事業の社長をはじめ経営層及び従業員は、非常識な状況（交通事故の発生、長時間労働など）にどうか慣れないでください。

「慣れない」ということは、

改善できる

ということを認識してください。

「なぜ、なぜ」を追究するとほとんどは「社長が悪い」？

■原因を追究する

本書では、

問題には必ず原因がある
成功には必ず要因がある
すべてのことに根拠がある

ということを何度も説明していますが、社内で発生している問題の原因を「なぜ、なぜ」で追及していくと、最終的には「社長が悪い」と行きついてしまうものです。

いままで、問題を解決するにあたり「原因を追究する」という考えをしたことがなかった組織が、「そうか、問題には必ず原因があるのか。では、その原因を明確にしよう」と、意気込んで原因を追究してみるのですが、その追及された原因があまりにも安易なのです。

私がよく目にする安易に追求した原因の例は「周知徹底不足」、「教育不足」などです。これらは100％間違っているとはいいませんが、安易に原因を特定しすぎていませんか？

適切な原因特定は可能であれば「特性要因図」※を用いて追及していただきたいのですが、使い慣れていない方は馴染みがないためうまく使えないかもしれません。その場合は、「なぜなぜ分析」を実施してみてください。

※**特性要因図とは？**
　QC7つ道具のうちの1つ。原因追究のツールとして使用される。

3 「なぜ、なぜ」を追究するとほとんどは「社長が悪い」?

■「なぜなぜ分析」の手法

「なぜなぜ分析」とは、複数回なぜを使い、掘り下げていく手法です。具体例を出してみましょう。

　なぜ1：なぜ、停止車両に追突したのか？
　　　　　⇒わき見運転をしたから
　なぜ2：なぜ、わき見運転をしたのか？
　　　　　⇒落ちたたばこの箱を拾おうとしたから
　なぜ3：なぜ、たばこの箱を拾おうとしたのか？
　　　　　⇒喫煙するため

が考えられ、当該追突事故の原因を喫煙と捉えて、原因を取り除く是正処置（再発防止策）として、「トラック車内では禁煙とする」という対策が考えられるのです。

　安易に原因を追究してしまう場合は、この「なぜなぜ分析」を活用しないので、なんとなく原因と考えられる、周知徹底不足や教育不足を特定してしまうのでしょう。

　私はいつも関与先では、「『なぜ』を最低でも3回は実施してください」とお願いしています。また、某大企業では5回を推奨しています。

　そこで、誤解が生じるのです。その誤解とは、なぜを5回繰り返すと5回目に真の原因が特定されるというものです。実際にはそうではなく、1回目のなぜの回答から、5回目のなぜの回答のうち、どれかが真の原因であるということです。

　問題の原因を追究する癖というか、その現象・現実の根拠はなにか？という着眼点は、あなたが今後仕事をしていくうえで常に認識していただきたいものです。

　身体の病気の原因は医師にしかわからないかもしれませんが、組織で起きている問題の原因は社内で明確になることの方が圧倒的に多いはずです。

　医学的見地からの所見は一般の人では判断することは非常に困難だ

第1章　社長の不退転の決意とは？

と思いますが、自分で構築した組織、自分が運営している組織であれば、起きている問題の原因を特定することはそんなに難しいことではありません。仮にズバリ特定できなくても、おおよその推察ができていることがほとんどです。また、社長や管理職では問題の原因がわからなくても、一社員やパートの方が把握している場合もよくあります。ですから、社内で起きている問題について、自組織で原因を追究する癖をつけることが重要なのです。

　序章⑦で「コンサルタントは自分の持ち合わせている知識を活用して解決を図りたがる」と説明しましたが、自組織で問題の原因を特定することにより、その原因を取り除くことができる専門家に直接依頼することが可能になるのです。

　「なぜなぜ分析」に話を戻しましょう。この「なぜなぜ分析」はやりすぎるとどうなるのか？

　先ほどの、なぜの続きを考えてみましょう。

　なぜ4：なぜ喫煙するのか？
　　　　　⇒ストレス解消のため
　なぜ5：なぜストレスがたまるのか？
　　　　　⇒妻との喧嘩が絶えないから
　なぜ6：なぜ、妻と喧嘩が絶えないのか？
　　　　　⇒妻と一緒に暮らしているから

となり、なぜ6の回答である、「妻と一緒に暮らしている」ことが追突事故の原因となり、その対策としては妻と別居もしくは離婚することが必要になってしまいます。

　以上は、あくまで一例であり、原因追及の方向性が正しいかは別として、1つの考え方として理解してください。

■問題の原因の特定方法

　また、前述の事故を別の着眼点から考えてみましょう。あくまで一

3 「なぜ、なぜ」を追究するとほとんどは「社長が悪い」？

例として。
 なぜ1：なぜ、停止車両に追突したのか？
　　　　⇒わき見運転をしたから
 なぜ2：なぜ、わき見運転をしたのか？
　　　　⇒落ちたたばこの箱を拾おうとしたから
 なぜ3：なぜ、たばこの箱を拾おうとしたのか？
　　　　⇒喫煙するため
 なぜ4：なぜ、喫煙するのか？
　　　　⇒眠気覚ましのため
 なぜ5：なぜ、眠いのか？
　　　　⇒運行計画がタイトだから
 なぜ6：なぜ、運行計画がタイトなのか？
　　　　⇒荷主の数と輸送量がキャパシティを超えているから
 なぜ7：なぜ、キャパシティを超えているのか？
　　　　⇒注文を受けてしまうから
 なぜ8：なぜ、注文を受けてしまうのか？
　　　　⇒注文を断らないことが会社の方針だから
 なぜ9：なぜ、それが会社の方針なのか？
　　　　⇒社長の考えだから

こうなると、すべての問題の原因が社長ということになります。

もちろん、会社のすべての最終責任は社長にあることに疑いはありませんが、問題の原因を追究して、是正していくためにはほかのアプローチが必要です。なにか問題が発生する度に、社長が代わっていては適切な組織運営などできるわけがありません。

この節で申し上げたいことは、

- 問題の原因を安易に特定しない
- 問題を解決するための原因は社長以外の場合が多い
- 会社が起こした問題のすべての最終責任は社長にある

第1章　社長の不退転の決意とは？

　ようするに、問題発生の原因はその問題ごとに原因が異なるので安易に原因特定を行ってはならないが、組織の最終的な責任が社長にあることには疑いの余地はないのです。

　重大事故が発生すると運行管理者が法的責任を問われることがありますが、見方を変えれば運行管理者も被害者だと思います。

　運行管理者も受注した荷物を運ぶため、契約済みの運行を処理するために仕方なく、かなり過密な配車を行っているのです。もし仮に、運行管理者が独自でとんでもない過密な運行管理計画を立案していたとしても、その内容を把握していない社長に責任があるのです（把握している場合も十分に考えられますが）。

　確かに運行管理者自身も前述の
・交通事故、荷役事故及び労災事故
・長時間労働
・法令不遵守

に、慣れきってしまっている場合もあり、過密な配車について、疑問に思えないくらい、感覚が麻痺している例もありますが、運行管理者の感覚を麻痺させた責任は社長にあるのです。

　ですから、運輸事業者の社長は、責任の重大さを理解したうえで日々の業務遂行にあたってほしいのです。

　万一、自社が重大事故を発生させしまった場合でも、

「運行管理者に一任しておりまして」

なんてことを公に発言することは、どれほどみっともないことでしょうか（そのような業界もありますが）。

　万一の重大事故発生後に、遺族や被害者に対して額を畳にこすりつける覚悟がない運輸事業者の社長はさっさと会社を畳むか、社長の席をどなたかに譲ってください。

3 「なぜ、なぜ」を追究するとほとんどは「社長が悪い」？

■組織風土を変える方法

　ここまで常識的な一般論を述べてみました。
　では、先ほどの「なぜ9：なぜ、それが会社の方針なのか？」の回答である「社長の考えだから」をもう一度見てみますと、「やっぱり、この追突事故は社長が悪いじゃないか！」と思えてしまうのは私だけでしょうか。
　会社で起きている問題には、その問題ごとに個々に原因が存在していることは説明しましたが、問題が頻発していたり、常態化している場合は、個々の原因というより

組織風土

が大きな原因の場合が多いのです。
　運輸事業者で具体的に当てはめますと

安全に対して妥協してしまう組織風土

ということになります。製造業で例えるなら「品質に対し妥協してしまう組織風土」であり、サービス業で例えるなら「顧客に提供するサービスに対して妥協してしまう組織風土」となるでしょう。
　この「組織風土」を変えられるのは社長（経営トップ）しかいません。
　そこで、社長は

　　絶対に交通事故を減らそう
　　そのために必要な組織風土を構築していこう
　　その組織風土構築のために必要なやるべきことをやり遂げよう

と誓ってほしいのです。
　そして、このことを**序章②**で説明した
　　①プロジェクトのＰＤＣＡを回すことを宣言する
　　②プロジェクトの必要性を明確にする

第1章　社長の不退転の決意とは？

　③後に引けない状況をつくり出す
に沿って社内（場合によっては社外にも）に周知してほしいのです。
　この、社長によるロジカルな不退転の決意を社内外に周知することにより、その解決すべき問題については、半分以上解決したようなものなのです。それくらいに価値があるということです。

■プロジェクトリーダーの選び方
　いままで説明してきた内容を読まれた社長は、もしかしたら次のように感じられるかもしれません。

　　　　社長自らがプロジェクトリーダーとなり活動していくのか？

と。そのようなことではありません。
　社長自らが、プロジェクトリーダーとなり引っ張って行かれるのであればそれは非常によいことであり、前述の「半分以上解決したようなもの」の「半分以上」が80％以上に増えることは確かですが、それでは人が育ちません。
　ここはひとつ、
　　・今後伸びてほしい人材
　　・社長の後継者的な人材
などにプロジェクトリーダーを任せましょう。
　実は、このようなプロジェクトは

　　　　　　とても効果のある管理者研修 でもあるのです。

　これは、プロジェクトリーダーだけではなくプロジェクトメンバー全員に対する管理者研修なのです。
　また、このようなプロジェクトにコンサルタントがつく場合は、そのコンサルタントはリーダーではなく、あくまでサポート役なのです。
　サポート役とはいってもリーダーの何倍もの豊富な知識を兼ね備え

ているコンサルタントであれば万全なサポートのうえ、プロジェクトを成功に導いてくれるでしょう。ただし、この場合でも、パッケージ化したコンサルティングメニューしか保有していないコンサルタントには依頼しないことが賢明です。引き出しの多さが重要です。そして、このコンサルタントはあくまでサポート役ですから主役ではありません。そのため、「功績」、「手柄」はコンサルタントが手にすることではなく、プロジェクトリーダーやプロジェクトメンバーが手にすればよいのです。

プロジェクトリーダーとして「今後伸びてほしい人材」や「社長の後継者的な人材」を任命することにより、

・期待する人材や後継者の能力アップや成功体験の蓄積
・プロジェクトメンバーの能力アップや成功体験
・問題点の解決、目的の達成

という、**一石三鳥**の効果があるのです！

では、このような"一石三鳥"のプロジェクトに対して、社長はどうすればよいのでしょうか？

それは、**全面的なバックアップ**です。

この社長による全面的なバックアップの具体的な内容は次のいずれかです。

A　プロジェクト進捗状況をプロジェクトリーダーからその都度報告を受け、問題発生時にアドバイスする
B　プロジェクトにオブザーバーとして参加する

AもしくはBのどちらでも構いませんが、時間が許すのであればBをおすすめします。

ただ、社長がオブザーバーであっても同席することにより、メンバーからの意見が出にくくなり、プロジェクトが委縮してしまうのであれば逆効果です。ですから、思い切ってプロジェクトリーダーに任せ切っ

第1章 社長の不退転の決意とは？

てしまうAでも構いません。

ただAの場合、社長はプロジェクトリーダーに全権委任をするか、全権委任をした経営層をメンバーとして参加させることが必要です。そして、プロジェクトリーダーもしくはサブリーダーからその都度、議事録を元にした報告をたとえ5分間であっても求めるべきでしょう。さらにAの場合でコンサルタントにサポートを依頼する場合は、コンサルタント選びは慎重に行ってください。

以上、社長が全面的にバックアップすることも社内（場合によっては社外）に周知してください。具体的には、

- 今回の○○プロジェクトを社長は全面的にバックアップすること
- 今回の○○プロジェクトのリーダーは■■で、サブリーダーは□□で、事務担当者は▽▽であること
- 今回の○○プロジェクトは全社をあげて取り組み、全従業員は全面的に協力すること
- 今回の○○プロジェクトの全責任は社長にあること

です。

第2章

交通事故半減のための具体的な取組み

第2章　交通事故半減のための具体的な取組み

 交通事故半減のための具体的な5つの取組み

(1) 実際に交通事故を半減させた具体的な取組みの内容

　本章では、私が実際にコンサルティングを実施し、交通事故が半減（82件が43件に削減）した取組み事例を中心に、ほかの運輸事業者の取組み事例を含めて説明していきます。

　交通事故の半減に成功した運輸事業者をA社とします。

　交通事故削減が実現できたいくつかある運輸事業者のなかからA社を選定した理由は、

　・15年前に既に人事評価制度の導入指導をしていた
　・事故、労働時間などの詳細なデータが揃っている
　・車両数も事例として適切である（100両以上300両未満）
　・営業所が複数ある（5か所以上）
　・すべての営業所で交通事故が削減できた
　・経営者をはじめとした経営層が前向きである　などです。

　本来であれば会社名を記載したいところですが、今後、万一、一時的に事故が増える可能性もないわけではありませんので、その場合の影響を考慮して匿名とします。ちなみにA社はトラック運輸事業者です。

　以下、具体的取組み内容は次の5つです（A社以外の取組み内容を含む）。

　①長時間労働の是正（残業時間削減、拘束時間削減）
　②荷主企業への協力要請
　③交通事故削減の仕組みの構築
　④人事評価制度の活用
　⑤交通事故削減のための「就業規則」の作成

（2）長時間労働の是正

序章③では、ISO39001の調査でスウェーデンに訪問した際、

ドライバーの長時間労働こそが交通事故の発生原因である

ことに気づいたことを説明しました。

非常に大きな交通事故発生原因の１つは

長時間労働 ですが、

そもそも、

その長時間労働はなぜ発生するのか？

を考えるべきです。

ここで１つ非常に重大なことを書きます。それは、

長時間労働を削減するために、決して小手先の対策に頼らないでください

ということです。「小手先の対策」とは、さすがに、運輸事業者のドライバー職を対象として実施されていないと思いますが、

・午後６時の強制消灯
・残業の許可制
・ノー残業デーの設置　　などのことです。

本書をここまで読み進めていただいたあなたは、もう耳にタコができていると思いますが、問題には必ず原因がありましたよね。この問題とは、長時間労働のことですから、

長時間労働には必ず原因がある

ということになります。

この長時間労働の原因を特定しないで、小手先の対策に頼ってしま

うことはいかに無意味なことでしょうか。
　長時間労働にはその根拠があります。その根拠に対してどのような対策を打つのでしょうか？　また、業務処理量が同一の場合、いきなり今日から午後6時以降の残業禁止と指示された場合、やるべきことはやらなくてよいのでしょうか？
　このような場合、結果的に
　・仕事を持ち帰らせての違法残業
　・事務所の照明やエアコンが消えたなかでの違法残業
　・会社には申告できない違法残業
になってしまいます。
　そもそも、運輸事業のドライバー職では前述の小手先の対策では意味がないことは、どのような会社でも理解できるので、導入されないのでしょう。このことからも小手先の対策の無意味さを証明しているといえます。ただ、実際、ドライバー職においても就労ルールを守らないがゆえの長時間労働が散見されますので、その場合のルールの徹底は必要でしょう（その場合も原因を特定したうえでの実施ですが）。
　では、トラックドライバーの長時間労働をどのようにして削減していくのか。その手法は、**本章②**で説明していきます。

(3) 荷主企業（元請け業者）への協力要請

　荷主企業への協力要請については、**序章⑤**で触れたとおりですが、最近の荷主企業は「聞く耳」を持ってくれることが増えてきました。以前のように一方的な運賃値下げ要求（要求ならいいのですが、通告の場合は問題です）や、運輸事業者の要求を一切、聞き入れてくれないということはなくなりました。
　荷主企業と明らかな主従関係がある場合は別として、運輸事業者の要求に一切耳を貸さない荷主企業であればつきあうこと自体を考え直した方がよいのかもしれません。

また、要求すべきは、荷主企業だけではなく「元請け業者」(上位請負業者)も含まれます。

最近では、自社だけはＣＳＲに則ったフリをして、労務管理上、無理な運行だけを下請け業者に回す元請け業者の話も耳にします。

荷主企業(元請け業者)への協力要請については、**本章⑤**で説明していきます。

(4) 交通事故削減の仕組みの構築

交通事故削減に大きく寄与する仕組みについては、**序章⑥**で触れましたが、この仕組みは、さまざまなアプローチがあります。具体的な内容は**本章③**で説明します。

(5) 人事評価制度の活用

交通事故削減につながる人事評価制度についても、**序章⑦**で触れましたが、詳細は**本章④**で説明します。

(6) 交通事故削減のための「就業規則」の作成

詳細は**第３章**で説明します。

以上、交通事故削減に有益であった取組みを図示すると次頁のようになります。

第2章　交通事故半減のための具体的な取組み

◆ 交通事故削減のための5つの重要施策

- 長時間労働の是正
- 交通事故削減の仕組みの構築
- 荷主企業への協力要請
- 人事評価制度の活用
- 就業規則の作成

これらの取組みをスムーズに運用するための「仕組み」を構築し、連携させたうえで運用することが必要。その際、常にPDCAを意識すること。

(7) プロジェクトリスクの認識及び対応

　プロジェクトを開始するにあたり、どのようなリスクが存在するのかを洗い出してください。

　交通事故削減や長時間労働是正（時短：無駄な労働時間・残業時間削減）についてのプロジェクトのリスクの例を以下に列挙します。

①事故削減のための施策についてこられないドライバーの退職
②時短で給料が減ることによるドライバーの退職
③時短で給料が減ることを嫌うドライバーからの水面下の時短活動への妨害

①事故削減のための施策についてこられないドライバーの退職
　これまでトラックドライバーといえば、出発してトラックに乗り込

1 交通事故半減のための具体的な5つの取組み

んでしまえば、誰からも干渉されない気分的には楽な職業と感じていたドライバーも多かったのですが、いまでは、デジタルタコグラフによりスピードはもちろん、急発進・急停車などを管理され、ドライブレコーダーにより運行状況が撮影され、荷主からの過度な要求に応えなければならないなど心身ともに大変な職業になりました。

そこに加えて、事故削減のためのさまざまな施策がやるべきこととして追加されると「もうやってられない」と、もっと安全管理の楽な不良運輸事業者に転職してしまう可能性があります。

この人手不足の状況でドライバーが退職してしまうことは事業運営上の痛手であり、不足ドライバーを補うために既存のドライバーの負担が重くなり、さらにそのドライバーも負担に耐えられなくなり退職という負の連鎖に陥ることは防がなくてはなりません。

では、その対策をどうするのか？　正直、

事故削減対策についてこられないドライバーの退職は大歓迎！

であり、ドライバー自身を含めた人命を守るための活動に異議を唱える不良ドライバーは早いうちにお引き取りいただくことが組織運営上大切なのです。しかし、そのような不良ドライバーは実は少ないのではないでしょうか。

余談ですが、実は私はとても面倒くさがり屋です。生き方として「いかに面倒くさいことを回避して生きていくか」という、決してほめられない考えの持ち主なのですが、やらなくてはならないことは処理しており、相当手間のかかる書籍の執筆という作業もこうして実施しているのです。

ドライバーも同じで、事故削減対策の実施に異議を唱えるのは、面倒くさいだけであり、決して、能力的にできないわけではありません。

ですから、そのような面倒くさがりのドライバーに対しては、

・なぜこの活動が必要なのか目的を伝える

- なぜこの対策が必要なのか根拠を伝える
- 可能であれば、画一的な全ドライバー向けの対策ではなくドライバーごとにやるべきことを変えてみる

ことが必要です。

　活動の目的とは、交通事故削減であり、「なぜ、交通事故削減が必要なのか」までも組織の状況に合わせて伝えるべきです。

　対策が必要な根拠は、組織の実態に合わせて根拠を伝えるのです。そして、その対策はドライバーごとで変わってくると思いますので、可能であれば、各ドライバーに合った対策とその根拠を明確にする必要があります。

　なぜ、このことが必要なのかというと、安全対策の実施度はドライバーによって異なっている場合が多いのです。例えば、過去のドライブレコーダーのデータから、ドライバーAは超過速度もなく急発進・急停車も極めて少ないのであれば、「法定速度厳守」や「急発進・急停車の撲滅」を実施事項として指示されたとしても、「面倒くさいなぁ、もう僕はできているのに」と思われるだけです。

　そして一番大切なことは、

一方的に実施を命令しないこと です。

　ドライバーはもう大人なのですから、一方的に上から目線で命令しないことです。あくまで、

会社のために協力してください

というお願いの姿勢が必要なのです。

　以上のことが実践できれば、事故削減のための施策についてこられなくて退職するドライバーはほとんどいないでしょう。

　それでも「こんなことやってられないので辞めます」と言ってくるドライバーは、真の不良ドライバーなので退職は大歓迎ですね。

②時短で給料が減ることによるドライバーの退職

　これは、一番大きなプロジェクトリスクかもしれません。時短実施を社内で発表したり、打診すると大抵、「時短は歓迎だが、これ以上給料が減るのは困る」という意見が出てきます。

　ここで多くの社長は「不退転の決意」が揺らぐのです。「この人手不足の状況でドライバーの退職が相次ぐことになったらどうしよう」と。

　私も時短プロジェクトをお手伝いするとき、事前に「時短により給料が削減されると退職される方がいらっしゃる可能性があります」と必ずお伝えします。ただ、私の経験上、実際に時短されたことにより退職してしまう従業員はごくわずかです。

　従業員にとって給料が減るのは困りますが、その分、自由時間が増え、趣味や子供とのふれあいの時間を実際に手に入れると、その手に入れた経験を手放すことは非常に勇気がいるものです。その結果、生活がかなりひっ迫している従業員以外は退職を選択することはまれです。ただ、退職理由として自分には非がなく、会社の組織的にも非がない理由である「時短により給料の手取りが減ったので退職します」を建前として利用する従業員がいることも事実ですが、この従業員の真の退職理由は別にありますので、このリスクとは関係ないでしょう。

　トラック運輸業の場合、時間ではなく、売上や走行距離を残業代見合いとして支給されている会社も多いと思います（法的に妥当か否かは別として）。そのような場合でも、時短を実現することにより、結果的に売上や走行距離が減るので支給される給料が削減されてしまいますので、残業代の計算方法は異なっても結果は同じです。

　A社の場合も時短への取組みを開始する前に、社長に対してドライバーが退職する可能性を伝えましたが、A社の社長からは「ドライバーの長時間労働という状態で組織運営していることは非常にリスクが高いので、まずそのリスクを改めなくては組織の発展はありえません。時短の取組みを優先してください」との趣旨の回答をいただき、心置

きなく時短への活動に取り組むことができました。

③時短で給料が減ることを嫌うドライバーからの水面下の時短活動への妨害

社長が思いつきで始めるプロジェクトや外部専門家からたきつけられて始めるプロジェクトについては、その実施の適切性についてさまざまな意見があり、「やめた方がよい」とか「意味がない」などの意見が出される場合が多々ありますが、長時間労働是正のための活動は誰が考えても間違っていない正しい活動です。だからこそ水面下での妨害が起こりやすいのです。

時短への活動自体は正しいのですが、残業時間削減により自分の給料が減らされると困る従業員がおり、そのような従業員は表立って時短活動への反対はできないので、水面下で時短活動への妨害を試みることがあります。

ドライバーの場合、このような手段に訴える例はあまりお目にかかりませんが、その代わり、ある意味堂々と時短活動への協力を拒否してくるドライバーも存在します。このような場合にこそ、トップダウンで命令していただいて構いません。ただし、その場合もいきなり命令するのではなく、あくまで協力を求めた結果、拒否された場合に命令してください。

ドライバーが水面下で時短活動への妨害を試みる場合は、
・配送経路を変える
・担当業務を変える

など、ほかのドライバーでは〇時間で業務処理が可能という実績をつくっておいて、当該、水面下で時短活動を妨害するドライバーに担当を変えてみると解決できるでしょう。

ただ、解決できたように見えても別の妨害手段を講じてくる可能性も否定できないので、その都度、対応が必要です。このような対策をイタチごっこのように続けたところ「多能工化」が実現できたという

怪我の功名のような実例もありました。

(8) プロジェクトの「議事録」の重要性

　プロジェクトは何事もなくスムーズに進行することの方が珍しいくらいです。躓いたり、横道に逸れたり、頓挫してまた復活するなどのさまざまなアクシデントが発生します。そのときに大きな力を発揮するものがプロジェクト実施の顛末を記した「議事録」となります。

　プロジェクトの「議事録」は、すべての人のすべての発言を記録する必要はありませんが、決定事項や決定に至る簡単な経緯などを記録しておけばよいでしょう。

　「議事録」の作成方法は組織により異なり、組織ごとのやり方を優先していただいて構いませんが、「議事録」を作成することが目的ではなく、プロジェクトを成功させるための補助ツールが「議事録」ですから、あまり手間・ヒマかける必要はありません。

　真面目な会社、担当者の場合、ボイスレコーダーに録音しておいて、後から「議事録」起こしをする場合がありますが、そこまでは必要なく、プロジェクト進行時にそのままパソコンに打ち込んでいき、プロジェクト終了後に誤字・脱字、表現を確認する程度でよいでしょう。

(9) 交通事故削減には「仕組み」を活用しよう

　交通事故削減に取り組むには場当たり的、思いつきの取組みではなく、

必ず 仕組み を活用してください。

　私が考える「仕組み」の定義は、
・PDCAがある
・取組みが連動している　ことです。
　巷では、「仕組み＝PDCA」と考えている方が非常に多いのですが、仕組みはPDCAだけでは不完全です。

第2章　交通事故半減のための具体的な取組み

　そもそも、どのようなことにもPDCAは存在しているので、「計画して、それを運用して、運用した内容を確認して、確認した結果から改善して次の計画に反映させる」という当たり前のことを「仕組み」と言えるのでしょうか？

　マネジメントシステム審査やマネジメントシステムコンサルティングで出会う企業でよく見かけるというか、多くの企業では、いろいろな取組みやプロジェクトを実施しているのですが、その取組みやプロジェクトが連動していないのです。縦割り行政的なのです。

　それぞれの連動性がなく、横串が刺さっていないので、「1＋1＋1＋1＋1＝3」の場合があります。本来、「1＋1＋1＋1＋1＝8」には、したいものですが、最低限の「5」にもなっていないのです。

　例えば、本書で紹介している
　・時短への取組み
　・交通事故削減の仕組み
　・人事評価制度
　・就業規則

についてもそれぞれが連動していなければ、効果は半減です。

　なぜ、そのようなことが起こるのでしょうか？
　理由は簡単です。

すべてのことに精通している人がいないからです

　これを言ってしまうと元も子もないのですが、これが現実です。
　では、具体的にどうすればよいのでしょうか？　その対策としては、各プロジェクトリーダーを同一人物にすることが必要です。

1　交通事故半減のための具体的な５つの取組み

「では、前述の４つの取組みについてプロジェクトで行うときすべてのプロジェクトリーダーを同一人物にしろと言うのですか？」

はい！　そうです。そんなことしたら、忙しくて自身の業務ができなくなると反論されそうですが、前述４つのプロジェクトを常に並行して実施するわけではないので問題ありません。

実際、私が交通事故削減対策として前述の「時短への取組み」、「交通事故削減の仕組み」、「人事評価制度」、「就業規則」のコンサルティングを担当する場合でも、４月と５月は時短について、６月は交通事故関連、７月は人事評価制度と就業規則、８月は時短施策の実施状況確認、９月は交通事故削減取組みの運用状況……というように、常に４つの取組みを並行して指導するわけではないので、プロジェクトリーダーについても問題なく担当できるのです。

ですから、必ず、さまざまな取組みやプロジェクトは連動させてください。

長時間労働是正への取組み

(1) 時短が可能か否かの重大判断

交通事故発生の原因である長時間労働の是正はなんとしてでもやり遂げなくてはなりませんが、組織として時短に取り組める状態か否かを事前に判断しなくてはなりません。その判断の要素となるのが次のことです。

　①社長が腹をくくれるか
　②「自己申告書」の内容に問題はないのか
　③労働組合は協力的か

①社長が腹をくくれるか

　前節で説明したプロジェクトリスクの可能性を理解し、全面的に協力することを誓い、社長自身が不退転の決意で時短への取組みに臨めるかをいま一度、認識する必要があるでしょう。

②「自己申告書」の内容に問題はないのか

　「自己申告書」については後ほど詳しく説明しますが、その結果次第では時短への取組みが難しい場合があります。詳細は、**本節（6）「自己申告書」の活用**で説明します。

③労働組合は協力的か

　これは、企業内組合が存在する場合に限ってですが、時短に対して組合は協力的か否かです。
　時短への取組みは長時間労働の是正ですから、労働組合が反対することは常識的に考えがたいのですが、協力してもらえるとよりスムー

ズに進みますので事前に確認しておくべきでしょう。

(2) 時短が難しい業種のチャンピオンである運輸事業

　私自身、さまざまな業種の長時間労働是正のお手伝いをしてますが、その時短が難しい業種として
　　・運輸事業
　　・建設業
　　・サービス業
がワースト3？です。

　ただ、建設業やサービス業の場合は、生産性向上（コストダウンを含む）の手法である次の仕組みを活用することが可能です。
　　・ＩＥ（Industrial Engineering）[※1]
　　・ＶＥ（Value Engineering）[※2]
運輸事業においてもこれらのＩＥ、ＶＥ手法が活用できないことはないのですが、他業種に比べると少々難しいと思われます（物流事業の場合は活用可能であり、今後、自動運転などの技術の発展により状況が変化する可能性があります）。

　以上のことから、運輸事業の時短は特に難しく、効果が出がたいと思われます。また、前述した「小手先の時短対策」である、「残業の許可制」や「ノー残業デーの設置」などがドライバー向けには機能しないことから、ドライバーの長時間労働の根本原因の追究が必要になります。

　以下、実際の取組みについて順を追って説明します。

※1　ＩＥ（Industrial Engineering）とは？
　　工程や作業を分析し、無駄を省き改善する手法：科学的管理法（ほかの考え方あり）。

※2　ＶＥ（Value Engineering）とは？
　　価値ある製品、サービスを追求するための手法（ほかの考え方あり）。

第2章　交通事故半減のための具体的な取組み

(3) 社長による不退転の決意表明及び「方針」の策定・発表

まず、**序章②**で説明したとおり、

　　社長が不退転の決意をして社内に周知する ことから始めます。

　決意を周知するときに「時短実現方針」を策定して、内容の説明も行います。

　時短への取組み以外にもプロジェクトや取組みを開始するにあたり、「方針」を作成することが増えてきましたが、ほとんどの組織はこの「方針」を形式的に策定しているだけではないでしょうか。

　また、「方針」の数もたくさん出てきてどれがどれだかわからなくなってしまう場合もあります。そうなると、もう活きている方針とはいえなくなり、まさに形式的な方針となってしまうのです。では、どのようにすべきなのでしょうか？　それは、

　A　プロジェクト終了後、方針を破棄する
　B　複数ある方針を1つにまとめる
　C　プロジェクト終了後に、当該プロジェクトで策定した「方針」の内容で「鍵」となる一部だけを残して複数ある方針をまとめる

　Aは、プロジェクトを通じて「方針」が組織に染み込み、組織風土化したのであれば、破棄していただいても構わないでしょう。

　Bは、「方針」を策定する度に、1つにまとめていく方法です。

　ただ、単純に文章を追加していくのではなく、要点を押さえて1つにまとめていくことが必要です。例えば、「品質方針」、「環境方針」、「運輸安全方針」、「時短方針」の重複している部分をまとめて、ほかの部分を残していくやり方です。

　Cは、Bとも似ていますが、プロジェクト終了後にその「方針」の「鍵」となる部分だけを残してまとめていくことです。このことによりBよ

りもシンプルな「方針」となります。

◆ 運輸事業の「時短実現方針」の例

【時短実現方針】

1　当社は、交通事故の撲滅を実現し、社員の幸福と安全な社会を実現するために、交通事故の原因である長時間労働を是正することを目的とした時短プロジェクトに取り組む。

2　時短への取組みは、企業の発展のために必要なことであり、法令遵守のためにも必要であることを全従業員・役員は理解し、一致協力し解決に取り組む。

3　当プロジェクトへの惜しみない協力・賛同は従業員としての義務であることを理解する。

4　社長は当プロジェクトを全面的にバックアップし、全従業員・役員は時短の実現を必ず達成するものとする。

2016年○月○日
株式会社○○○○○○○
代表取締役　　□□　▽▽

さまざまな組織に出向き、この「方針」に触れる機会も多いのですが、活用されていない組織の多さには驚かされます。また、従業員のほとんどが「方針」の意図するところを理解していない組織が多いのです。ひどい場合には、「方針」の存在すら認識していない従業員もいます。

社長は、「方針」の意図するところを詳細に説明したうえで、場合によっては、質疑応答を実施して従業員に完全に理解させることが必要です。質疑応答については、従業員数が多い場合には、「方針」発表の場で実施することは難しいかもしれませんので、説明会終了後に上長を通じて質問を提出させたり、質問受けつけ箱を設置したり、可能であればネット上で受けつけることもよい方法です。また、**本節（6）**説明する「自己申告書」を活用してもよいでしょう。

社長による決意の周知内容には、**序章②**で説明した次の3つのことを従業員に社長の本気度を理解させるために必ず含めてください。
　①プロジェクトのPDCAを回すことを宣言する
　②プロジェクトの必要性を明確にする
　③後に引けない状況をつくり出す

　①については、プロジェクトをPDCAで管理することにより必ず結果を出していくことの裏づけとして必要でしょう。ただ、全従業員がPDCAを理解はしていないでしょうし、理解しているつもりの従業員もいると思いますので、簡単でも構いませんのでその場でPDCAを説明をしてください。

　②については、なぜ時短への取組みが必要なのかを説明しなくてはなりません。そのためには、長時間労働が交通事故の大きな原因であることを説明するのです。説明の仕方はさまざまですが、わかりやすく、かつ、少々アカデミックな説明内容の例として次のようなものがあります。
　　・交通事故の原因：ヒューマンエラー（国交省の1つの見解）
　　・ヒューマンエラーが起こる原因：心身の疲労
　　・心身の疲労の原因：長時間労働
　　・対策：長時間労働を削減する

　③については、「有言実行」を実現させるために必要な方法を考えてみましょう。簡単に表現すると

盛大な花火を打ち上げる

ということです。その"花火"の内容とは、
　　・顧客を招いて「方針」を発表する

・時短への取組みについての文書を外部に配布する（時短への取組みについて外部に公表する）

・業界紙に掲載してもらう

ことなどです。

ようするに退路を断つことです。これが不退転の決意です。

以上の"花火"の内容については、本章のなかで説明していきます。

(4) プロジェクトメンバーへの基礎教育

プロジェクトメンバーに対して基礎教育を実施します。

教育対象はプロジェクトメンバーですが、可能な限りほかの従業員にも参加してもらってください（可能であれば全員）。

基礎教育の時間は50分もあれば十分です。

内容は、

・今後のプロジェクトの実施内容

・問題には必ず原因がある（すべてのことに根拠がある）

・PDCAについて

・プロセス管理について

・プロジェクトリスクについて

また、A社の場合は、拙著『プロセスリストラを活用した真の残業時間・生産性向上・人材育成実践の手法』（日本法令）をテキストに「プロセスリストラ」（**P109参照**）についても説明を加えましたが、小規模・零細企業の場合は少々内容が難しいかもしれませんので、「プロセスリストラ」について無理にレクチャーする必要はないでしょう。

(5) 労働時間、残業時間などの現状把握

本格的に時短への取組みを始める前に、現状把握が必要です。どのような内容かというと

・個人ごとの労働時間、残業時間（月、年）

- 営業所ごとの労働時間、残業時間
- 営業所ごとの労働時間数上位○人、下位○人
- 営業所ごとの残業時間の平均、最高、最低、中央値
- 個人ごとの時間外手当（月、年）
- 月の残業時間○時間超え従業員
- 月ごとの売上、走行距離、拘束時間　　などです。

これらのデータは後日、比較対象としますので、あらかじめ把握しておかなくてはなりません。

また、なぜ現状把握が大切かというと、現状のデータから時短につながる有効なネタがあぶり出される可能性が高いのです。例えば、

- 営業所ごとで残業時間が多い上位○人の残業が多い原因を探る
- 営業所ごとで残業時間が少ない上位○人の残業が少ない原因を探る
- 月ごとの労働時間を把握し多少の原因を探る
- 月ごとの売上と労働時間の相関からの逸脱原因を探る

私はこれらのデータについてQC7つ道具などを用いて分析しますが、一般の方にはなじみが少ないと思いますので、できる範囲で構いません。

(6)「自己申告書」の活用

ドライバー全員に「自己申告書」を配布し、提出していただきます。「自己申告書」への記載内容は次のとおりです。

- 氏名
- 所属
- 年齢
- 勤続年数
- 「時短実現方針」を理解したか？
- 会社全体の労働時間はいまよりも減らすことができると思うか？
- 会社全体として業務処理に無駄があると思うか？
- あなたは長時間労働していると思うか？
- あなたはもっと休日を取りたいか？
- あなたの営業所のドライバーは足りていると思うか？

> ・あなたは自分の労働時間を減らすことができると思うか？
> ・あなたは自分の作業に無駄があると思うか？
> ・あなたは時短プロジェクトに参加してもよいと思うか？
> ・時短につながる意見はあるか？
> ・そのほかの意見は？

　「自己申告書」は、必ず実名で記載させてください。
　匿名での記載は、責任がない記載内容になる傾向がありますので、必ず実名での記載が必要です。実名での記載ができない組織は組織風土自体が問題だと言えましょう。
　この「自己申告書」への記載内容については、データ化して内容を分析します。分析結果いかんによっては、時短への取組みを遅らせたり、場合によっては取りやめなくてはならないこともあります。
　では、どのような場合にそのような判断をしなくてはならないのか考えてみましょう。

① 「時短実現方針」を理解したか？

　通常、85〜90％が理解したと回答してきますが、「理解できなかった」と回答してきた割合が30％を超える場合は、「時短には取り組みたくない」という意思表示だと考えられます。
　この場合、なぜ理解できなかったのかを本人に直接上長が尋ねるとよいでしょう。尋ねた結果、単に社長の説明が下手だったため理解できなかった場合や、「撲滅」、「プロジェクト」などの文言の意味がわからなかったため素直に「理解できなかった」と回答してしまった場合もあります。ちなみにA社の場合は93％が理解できたと回答し、そのほかの7％についても個別に対応し問題ないことが判明しました。

第2章　交通事故半減のための具体的な取組み

②会社全体の労働時間はいまよりも減らすことができると思うか？
　会社全体として業務処理に無駄があると思うか？
　あなたは長時間労働していると思うか？

　これは、ドライバーが感じる長時間労働への「お困り指数」の位置づけです。一般的に40％を超える場合は時短への取組みは有益と言えるでしょう。

③あなたはもっと休日を取りたいか？

　これは、「もっと休日を取りたい」が30％を超えていれば時短への活動に支障がない数値です。

　「7割のドライバーが休日は不要と回答しているのに大丈夫ですか？」と質問されそうですが大丈夫です。これは、「残業が減る＝給料が減る」ということを思い描いての「もっと休日を取りたくない」というバイアスがかかった回答ですから、ここでは大きな問題にしません。

④あなたの営業所のドライバーは足りていると思うか？

　この質問への回答は、単独で分析するよりもほかの質問への回答と合わせて分析することが重要です。例えば、ドライバーが足りているという回答と長時間労働をしているという回答がいずれも高い場合は、なぜ、ドライバーが足りているにもかかわらず長時間労働なのか？という疑問が湧いてきます。

⑤あなたは自分の労働時間を減らすことができると思うか？

　この回答として「できる」が40％を超えてほしいものです。40％未満の場合は、後述する方法での時短への取組みは再検討すべきかもしれません。

2　長時間労働是正への取組み

⑥あなたは自分の作業に無駄があると思うか？

　この質問への回答は誰も自分自身の作業に無駄があるとは認めたくないもので40％を下回る場合もありますが、組織風土によっては50％を超える回答も散見されます。ただ、時短に取り組む組織の目安として40％を超えてほしいものです。

⑦あなたは時短プロジェクトに参加してもよいと思うか？

　この回答は75％を超えてほしいものです。この数値が75％を下回ると、プロジェクトリスク発生の可能性が高くなりますので事前の対策が必要となってしまうでしょう。

⑧時短につながる意見はあるか？
　そのほかの意見は？

　この欄は自由記入欄ですが、非常に重要です。なぜなら、この欄への記入内容が今回のプロジェクトの時短につながるネタの宝庫だからです。

まさに現場（ドライバー）は、時短のネタだらけといっても過言ではないでしょう

　そこで疑問に思うのは、ドライバーが「時短につながる意見」を「自己申告書」に書いてくれるのか？　という疑問です。

　私も専門的に交通事故削減の指導を実施しており、専門サイトを2つ運営しております。

・運輸安全ドットコム：運輸安全マネジメントの情報サイト
　（http://www.unyuanzen.net）
・ISO39001ドットコム：ISO39001の情報サイト
　（http://www.iso39001.com）

これらのサイトを訪問いただいた方や、交通事故削減指導の相談で

運輸事業者の方から、「ドライバーがヒヤリ・ハット報告書を提出してくれない」という相談が多数寄せられます。

　この現象は、どこの運輸事業者でも同様であり、そもそもドライバーの方は鉛筆を持ちたくないからハンドルを持っているという考えの方もいるくらいですから、とにかく書くことが苦手なのは理解できます。でも、それってもしかしたら

誤解かもしれません

　私も数多くの運輸事業者さんの交通事故削減やISO、人事制度などの指導をさせていただいて感じたことは、「ドライバーは確かに書くことは好きではないが、他業種に比べて苦手ではない」ということです。

　確かに苦手な方もいますが、それはドライバーだからではなく、その人がたまたま書くことが苦手だということです。

　ですから、工夫次第でドライバーから、時短につながるネタを書いてもらうことは可能なのです。

　実際、A社からは、時短につながる情報（ネタ）を「質問書」に記入してもらいました。

　ようは、いかに時短への活動は他人ごとではないことを認識してもらえるか、だと思います。

　それともう1つ。ヒヤリ・ハット情報に比べて時短に関する情報はダイレクトに自分の損得にかかわってくることですから比較的積極的に書いていただけるのです。なにか情報をえたい場合は、"いただく"ということを強く意識して、いただく相手（今回はドライバー）の立場に立って考え、情報を出しやすいように「自己申告書」の体裁や質問内容などを工夫すればよいのです。ただ漠然と「なにか、意見ありますか？」と聞いて、回答してもらおうなんて図々しい考えです。

　「自己申告書」については、前述のとおりデータ化して傾向をつか

みましょう。場合によっては、時短への取組みを取りやめなくてはならい結果の場合もあります。その際は、時短への取組みを完全に中止するのではなく、ドライバーからの「自己申告書」への回答内容が時短への取組みが可能となるように組織改革をまず実施するのです。

「組織改革」というと大げさですが、大したことではありません。

プロジェクトが失敗する原因の1つとして、いきなりプロジェクトを開始すべきではない現状を無視して、開始した結果、頓挫もしくは失敗してしまうことがあります。このようなことは、下ごしらえもせずにいきなり、メイン料理に取り掛かるようなものです。

(7)「自己申告書」に記載された時短ネタの分類

時短につながるネタとして寄せられた意見を分類します。

その前に、そもそもどのような質問に対して回答された意見なのかを見てみましょう。

①時短ができるとしたらその理由は？
②時短ができないとしたらその理由は？
③特に無駄な長時間労働につながる状況などはありますか？

この3つのことを「自己申告書」に挿入させることで驚くほど意見が寄せられます。

ここで採用の対象として①、③の意見だけだと思われるかもしれません。しかし、実は②の「時短ができないとしたらその理由は？」の意見についても、「○○だから時短はできません」という一見して後ろ向きな意見が、逆に読むと時短につながるネタと読み取れるのです。例えば、「集荷時刻が指定されており、その対応のため時短は無理」という意見でも、集荷時刻の指定を緩和できれば時短が可能ということになります。

分類について説明します。

分類は2段階に分けて分類します。

第1段階：
　A　給料が減るのはイヤだという意見
　B　前向きな意見
　C　そのほか、注目意見
このなかでB、Cの意見は第2段階に進みます。ただし、Aの意見であっても、単に「給料が減るのは困る」とだけの意見もあれば、「残業代が減るのは困るが、〇〇のルートは時間的制約が多く運賃も低廉なので見直しが必要かもしれない」という検討に値する意見も含まれていますので、そのような意見は第2段階に進ませます。
　また、意見の詳細を確認するために必要に応じて本人にヒアリングもします。
第2段階：
　A　即、実施対応する意見
　B　実施対応を検討する意見
　C　しばらく様子を見る意見
以上のことをプロジェクトの場で決定していくのです。

(8)「自己申告書」以外からの時短につながる意見集約

「自己申告書」から導き出された時短ネタは、ドライバーから出された意見ですが、ドライバー以外の

・運行管理者
・管理職
・事務担当者
・物流業務従事者

などからも時短につながりそうな意見を提出してもらいます。そのなかから**本節（7）**の第2段階に進むべき意見を決定します。
　この決定は営業所単位で集約して、プロジェクトに提出してもらうとよいでしょう。

(9) 変形労働時間制の検討

　運輸事業者の場合は変形労働時間制を既に導入していることが多いのですが、未だ導入されていないのでしたら、ぜひとも導入してください。

　変形の種類は、組織の状況により異なりますが、1年単位の変形労働時間を活用している運輸事業者が多いでしょう。理由として、1年のうちで繁忙月と閑散月に差があるからです。組織の状況により月内で繁忙週（日）と閑散週（日）の差がある場合は1か月単位の変形労働時間を採用することになります。

　まれに運輸事業者でみなし労働時間制を採用している組織がありますが、非常に危険です。通信インフラが整った昨今、運輸事業者で労働時間の把握が困難な状況は思いつかないからです。

　変形労働時間制の採用を推奨しますが、1つ認識していただきたいことは、

　　**変形労働時間制を採用したところで労働時間は1分も削減
　　できない**

ということです。削減できるのは、時間外労働手当であり、労働時間ではないということを認識してください。

　　　　ですから、**変形労働時間制は時短の施策ではありません**

(10) 時短のための施策実施前に

　(7)「自己申告書」に記載された時短ネタの分類の第2段階でA　即、実施対応する意見に位置づけられた時短ネタに対応する前に
　① 当たり前のことだが、日ごろ見落としがちなこと
　② 時短への認識が甘ければ自分のことにしてしまえ
　③ 少々姑息な施策

を上手く使い分けることによって、組織の状況次第で大きな効果が得られることを説明します。

①当たり前のことだが、日ごろ見落としがちなこと
　社長の不退転の決意表明により、社内には

時短を実現しなくては！

という雰囲気が醸成できればよいのですが、その雰囲気ができていない場合は、さらになんらかの施策が必要です。
　ただ、時短実現への雰囲気だけの場合があるので、具体的にどのように実行するのかが鍵となります。各ドライバーが時短につながる行動を自主的に実施できればよいのですが、なかなかそうはいきません。
　では、どうするのか？　答えは簡単です。

まず、運行管理者が徹底した時短実現への意識を持つ ことです。

　配車の際、時短を意識した配車を組む、改善基準告示に基づいた拘束時間内に収める配車を組むだけで、組織によっては相当効果が出ます。
　こうなると、時短実現に向けて運行管理者は相当大きな責任を持つことになりますが、そもそも運行管理者は運輸事業を営む上で非常に大きな責任を負っています。
　大事故が発生し、長時間労働が原因と判断された場合、最初に責任を問われるのは運行管理者です。
　それくらい、運行管理者は責任が重いのです。
　ですから、時短を実現することにより、一番安心できる立場の方は運行管理者なのです。そのことをすべての運行管理者・代務者に深く認識させてください。
　場合によっては、全営業所の運行管理者・代務者に対して、研修会を開催できるとなおよいでしょう。研修会の内容は以下のとおりです。

・責任重大な運行管理者
・長時間労働は運行管理者にとって最大のリスク
・時短を意識した配車計画の重要性　　　　　　　　　など。

　実際、いままで時短や拘束時間の遵守という意識を持たずに配車していた運行管理者が、上記の内容を意識して配車計画を策定するようになって、労働時間・拘束時間が削減された例は多々あります

②時短への認識が甘ければ自分のことにしてしまえ

　組織でなにかの取組みを実施するとき、「一生懸命取り組む人」と「他人事のように真面目に取り組もうとしない人」の差は、なぜ生じるのでしょうか？

　これは、その人の性格や真面目さにより変わりますが、大前提として、

人は他人には興味がなく自分に興味がある

ということを理解しなくてはなりません。

　「他人事のように真面目に取り組もうとしない人」は、所詮、"他人事"なのです。どうでもよいのです。このような場合は、"他人事"ではなく"自分事"にしてしまえばよいのです。

　運行管理者についても、このまま長時間労働を放置することにより
・重大事故発生時に大きな責任を取らされる可能性（最悪、前科？）
・収入の道が閉ざされるかもしれない
などを認識させ、まさしく"自分事"にすればよいのです。

　ドライバーについても、長時間労働を続けることにより
・重大事故を起こし他人の命を奪う可能性がある（前科がつく？）
・仕事を続けられなくなるかもしれない
・収入の道が閉ざされるかもしれない
などを認識させてください。

　通常、このように「こんな大変なことが起こるかもしれない」と伝

えると、「そんなことが起こるはずもなく、自分には関係ない」と思いがちですが、トラック・バス関連の人身事故は日常的に発生しており、なかには、とんでもない重大事故も発生しているので、適切に伝えることにより、「所詮、他人事」とは、思えなくなるでしょう。

　以上のようなことを実施しても、「所詮、他人事」と思うドライバーや運行管理者の存在は、重大なRTSパフォーマンスファクター（重大交通事故発生の要因）です。

　以上の考え方は、組織で取り組む云々だけではなく、どのようなことにもあてはまります。

③少々姑息な施策

　いまから説明する施策は小手先の対策とも言えますが、効果が出る組織もありますので実施してみる価値は高いです。

　本節(5)では、労働時間、残業時間などの現状把握について説明し、実際、現状把握を行いますが、そのことは伏せておいて、

「○月から各ドライバーの労働時間数、残業時間数及び拘束時間数の調査を行います」

と伝えるだけで、労働時間数、残業時間数及び拘束時間数が削減されるドライバーが散見されます。

　○月には、2か月ほど後の月を入れてください。例えば、8月20日に伝えるのであれば、「10月」というように。

　これは、「人は誰からもよく思われたい」という人間の心理が働くものと思われるからです。その結果、データ取りを行う○月以降は、自分でできる範囲で時短につながる活動を行うのです。

　ネタを明かすと、既に前述のことを伝える時点よりさかのぼって1年ほどの労働時間数などを既に把握しており、2か月後のデータは、時短への取組みの効果と位置づけられるのですが。

ただ、この施策は所詮小手先なので、長時間労働の原因を追究してＰＤＣＡを回していかなくては、いずれ元に戻ってしまいますから、根本的な時短対策が必要なことは言うまでもありません。

(11) 時短のための30の施策
　では、Ａ社を含めて出された時短施策の例をいくつか見てみましょう。

◆ **時短のための30の施策**

【自社独自での取組み】
①同一の業務を同一の担当者が処理する
②ドライバーの能力、経験、保有技術に合わせた配車（「力量表」を作成し、適材適所配置）
③１つの作業終了後の次の作業を早めに指示する
④配送経路の分割
⑤配送経路の接合
⑥高速道路の利用
⑦最大拘束時間が16時間を超える工程の洗い出し → 分解など
⑧運転時間が９時間を超える工程の洗い出し → 改善など
⑨コストに対して売上の低い配送経路の洗い出し → 廃止など
⑩中継業務の増加、新規設置
⑪集荷業務と配送業務の分業制実施
⑫○○の無料使用
⑬横持ちの活用
⑭荷積み、荷卸し業務にパートを配備
⑮労働時間の上限を設定（運行管理者が常に把握）
⑯やめる作業と続ける作業の選別

【荷主（発荷主、着荷主）を巻き込んだ取組み】
⑰集荷先、配送先の待ち時間の削減（無駄な待ち時間データをもとに発荷主・着荷主へ依頼）
⑱集荷先、配送先との無駄なコミュニケーションの廃止
⑲顧客からの集荷・配送要求にすべて応えるのはやめる
⑳集荷時刻と配送時刻を集荷先と配送先に守ってもらう
㉑集荷日の統一
㉒配送荷物へ配送先の表示

第2章 交通事故半減のための具体的な取組み

> ㉓当初契約内容にはなかったが、いつの間にか義務になってしまったサービスの廃止
> ㉔路線業務の委託
> ㉕集荷場所、配送場所に休憩所設置
> ㉖運賃・運行条件の粘り強い見直し交渉
> ㉗荷主企業への協力依頼を文書(依頼書、議事録、メール)に残しておく(自社防衛のために)
> ㉘自社が時短への取組みを開始したこと、協力をお願いする可能性のあることの文書を郵送する
> ㉙業界紙、協会紙、組合紙へ時短への取組み開始について記事にしてもらう
> ㉚荷役作業の禁止

　ほかにもＡ社をはじめ各運輸事業者特有の意見・アイデアが多数出ましたが、内容を記載すると運輸事業者、荷主などが特定されてしまいますので記載は控えさせていただきます。
　以上、ドライバーをはじめ運行管理者・管理職・事務担当者・物流業務従事者などから出された意見ですが、ここで注目していただきたいことは

なぜ、このような意見が出されたのか？

ということです。「すべてのことに根拠がある」。つまり、このような意見が出された根拠はなんなのか？　普通に考えると次のようになります(例としてお読みください)。

【自社独自での取組み】
①同一の業務を同一の担当者が処理する
　　根拠:同一の業務をさまざまな担当者が処理しており生産性が悪い
②ドライバーの能力、経験、保有技術に合わせた配車(「力量表」を作成し、適材適所配置)
　　根拠:配車のミスマッチが起きている
③１つの作業終了後に次の作業を早めに指示する

根拠：次作業の指示が遅れて手待ち時間が発生している
④配送経路の分割
　　根拠：効率の悪い配送経路がある
⑤配送経路の接合
　　根拠：効率の悪い配送経路がある
⑥高速道路の利用
　　根拠：高速道路が利用できないため時間がかかる無駄な経路がある
⑦最大拘束時間が16時間を超える工程の洗い出し → 分解など
　　根拠：16時間を超える工程がある
⑧運転時間が9時間を超える工程の洗い出し → 改善など
　　根拠：9時間を超える工程がある
⑨コストに対して売上の低い配送経路の洗い出し → 廃止など
　　根拠：「経費倒れ」もしくは「利益の薄い」配送経路がある
⑩中継業務の増加、新規設置
　　根拠：中継地点がないことによる非効率もしくは長時間の配送経路がある
⑪集荷業務と配送業務の分業制実施
　　根拠：集荷業務と配送業務が混在していることにより非効率が発生している（配送と集荷を分けることにより生産性が上がる）
⑫○○の無料使用
　　根拠：ドライバー自らが○○することによる残業の増加
⑬横持ちの活用
　　根拠：横持ちがないために非効率な配送経路がある
⑭荷積み、荷卸し業務にパートを配備
　　根拠：ドライバーでなくても可能な作業があり、その作業をドライバー自らが担当することにより非効率になっている
⑮労働時間の上限を設定（運行管理者が常に把握）
　　根拠：無制限労働時間の意識がある

⑯やめる作業と続ける作業の選別
　　根拠：本来やめるべき、非効率な作業、コスト的にムダな作業がある

【荷主（発荷主、着荷主）を巻き込んだ取組み】
⑰集荷先、配送先の待ち時間の削減（無駄な待ち時間データをもとに発荷主・着荷主へ依頼）
　　根拠：無駄な待ち時間が発生している
⑱集荷先、配送先との無駄なコミュニケーションの廃止
　　根拠：業務中に無駄と思われる会話につきあわされている
⑲顧客からの集荷・配送要求にすべて応えるのはやめる
　　根拠：赤字覚悟の業務対応がある。過去、無理を聞いて集荷・配送した作業が当然になっている
⑳集荷時刻と配送時刻を集荷先と配送先に守ってもらう
　　根拠：あらかじめ決められた集荷時刻と配送時刻が先方の都合で守られず無駄な荷待ち・手待ち時間となっている
㉑集荷日の統一
　　根拠：集荷日がバラバラなため無駄な集荷配送経路がある
㉒配送荷物へ配送先の表示
　　根拠：荷物の配送先間違いの可能性があり、間違えた場合は、プラスの残業時間となる
㉓当初契約内容にはなかったが、いつの間にか義務になってしまったサービスの廃止
　　根拠：善意で対応していた作業が当たり前になっている
㉔路線業務の委託
　　根拠：無理に自社配送を貫き長時間かけている配送経路がある
㉕集荷場所、配送場所に休憩所設置
　　根拠：荷待ち時間にトラックから離れられず無駄な労働時間となっている

㉖運賃・運行条件の粘り強い見直し交渉
　根拠：不平等契約があり、残業が発生している
㉗荷主企業への協力依頼を文書（依頼書、議事録、メール）に残しておく（自社防衛のために）
　根拠：言った、言わないの発生や、責任の所在があいまいな作業がある
㉘自社が時短への取組みを開始したこと、協力をお願いする可能性のあることの文書を郵送する
　根拠：どうせ荷主は聞いてくれないとのあきらめムードがあり、自社の活動を守るため
㉙業界紙、協会紙、組合紙へ時短への取組み開始について記事にしてもらう
　根拠：「有言実行」で後に引けない状況をつくり出すため
㉚荷役作業の禁止
　根拠：本来の契約では含まれない荷役作業を実施しているから

　以上のように根拠を明確にして、具体的にどの作業や配送経路が当てはまるのかを明確にする必要があります。また、可能であれば、その具体的にした作業や配送経路で

どれくらいの時間が割かれているのか？

という、具体的な無駄な時間数を明確にできるとなおよいでしょう。
　前述の「時短のための30の施策」の内容は、実際には、もっと具体的で詳細な内容になっていますが、本書ではそこまで具体的な記載は差し控えます。
　今回の目的は「交通事故削減」ですので、時短へのアプローチは前述のようになりますが、主たる目的を「無駄な長時間労働・残業の削減」としてプロジェクトを稼働させる場合は、「時短マネジメントシステム」

第2章　交通事故半減のための具体的な取組み

（P118コラム参照）という、専門的な取組みを行います。これは、現状から無駄をあぶり出し、その無駄な行動をリスクアセスメントをしたうえで、対策を施すというマネジメントシステムを策定し運用します。今回はそこまでの仕組みは活用しませんでした。

　以上、時短につながる可能性のあるドライバーからの意見を記載しましたが、この意見は運輸事業者により異なりますので、自社に適した意見をもとに施策として自社で集約していただき、前述の意見、根拠は参考程度にしてください。

　ごくまれですが、私が運営しているサイトを通じて次のような意見をいただくことがあります。

　・本に書いてある交通事故削減手段を実施したが効果がなかった
　・セミナーで聞いた時短の手法を実施したが時短につながらなかった

　このような意見に対して、その意見の発信元の組織状況を聞き取ると、「その現状で、その対策は無意味でしょう」ということがほとんどなのです。この手の質問をしてくる方は、ある意味素直なのかもしれませんが、ただ漠然と他社の実施内容を真似したところで自社に適合するとは限りません。例えばデジタルタコグラフ未装着のトラック業者で急発進・急停車の撲滅活動を実施したところで検証ができないので効果が限定的にしかなりません。

　交通事故削減対策にしても時短対策にしても単体のプロセスで捉えるとアウトプットですから、インプットにより状況が変わってくるのです。インプットである組織の現状が違うのであれば、アウトプットである対策も変わります。そのことが理解できていない方からの質問は回答のしようがなく、適切な回答ができずに申し訳なく思います。

　また、このように書籍を発行し、関連サイトを運営していますと、

　・事例頂戴さん
　・教えて君

が本当に多いのです。

"事例頂戴さん"に限って、事例を提示すると、そのままなにも考えずにその事例を実施して、「使えない」、「効果が出ない」とぼやくのです。

"教えて君"は実は同業者の方が多いのですが、匿名や偽名を使ってアプローチしてきます。私は同業者の方への情報開示を制限するつもりはないので、「同業者の方は、その旨記載してください。機会があれば情報交換しましょう」という趣旨を明示しているのですが、それでも実名を伏せて「○○を教えてください」とアプローチされるので残念です。

「事故削減のために○○を実施しようと思うのですが。どう思われますか？　ちなみに当社の現状は□□です」という質問なら回答しやすいのですが、

　　　　「事故削減のためになにをしたらよいですか？」

と漠然と質問されると困ってしまいます。

本書をお読みのあなたも、

　　「本当に自社のことをよくしていきたい！　交通事故を減らし
　　たい！　長時間労働・残業を減らしたい！」

と真剣に考え、本気で取り組む覚悟があればお気軽にご質問ください。

◆ **交通事故削減のための施策決定プロセス**

トラック事業の面白いところ（場合によっては大変なところ）は、運ぶものによって、全く異なる業種となることです。ですから、トラッ

ク業者における時短のネタは組織ごとによって異なるため、他社の事例はあまり参考になりません。

本書では、時短のための具体的なアイデアを学ぶのではなく、

運輸事業者が時短を進めるためのフレームワーク を学んでください。

この「時短を進めるためのフレームワーク」を理解し、後ほど説明するとおりに、社長・経営層が本気で取り組めば、運輸事業者の時短が実現できる可能性は非常に高いと言えるでしょう。

(12) 施策実施のための実施計画

時短のためにやるべきことが決まったら、実施計画を立てましょう。

すべてのことに共通しますが、やるべきことや目標が頓挫してしまう理由として、実施計画を立てないことがあります。

例えば、「5キロ痩せる」という目標を立てた場合、ただ漠然と行動しただけではほとんど達成できません。

5キロ痩せるために具体的に
- いつまでに5キロ痩せるのか？（できれば、中間到達基準を決める）
- なにをして痩せるのか？
- 具体的実施事項のスケジュール

などを明確にすると、達成できる確率が上がるのです。

時短のための実施計画についても、詳細でなくて構いませんので、

- **具体的実施内容（可能であれば実施基準）**
- **実施時期**
- **実施対象営業所**
- **実施責任者**

などを文書化する必要があります。

ここまでが、PDCAの「P：PLAN：計画」です。

(13) いざ、実施！　社長、経営層の本気度が試される……

　これからPDCAの「D：DO：実施、実行」に移ります。

　計画段階（実施のための施策決定、実施計画策定）においても同様ですが、実施については、社長、経営層の本気度が試されます。

　社長、経営層は時短への取組みについて不退転の決意をしていただいていますが、具体的な実施段階になると躊躇(ちゅうちょ)してしまう方がいらっしゃいます。なぜなら、次のような勇気のある経営判断がともなう実施事項が散見されるからです。A社とは関係なく一例として、

　①費用負担増となる高速道路の積極利用
　②中継所設置による設置費用負担
　③休憩所設置による設置費用負担
　④内製化している作業の外注依頼
　⑤荷主に対する既存サービスの廃止
　⑥荷主への協力依頼
　⑦荷主へ運賃、運行条件の見直し依頼
　⑧不採算顧客との契約解除　　　　　　　　など。

　以上のことはすべて、「売上減」、「費用負担」のいずれかにかかわることなので躊躇されるのでしょう。しかし、よく考えてみましょう。

①費用負担増となる高速道路の積極利用

　高速道路の利用は新たな経費負担となりますが、高速道路を利用することにより、どれくらいの労働時間が削減できるのでしょうか。

　その削減された労働時間（残業時間）と高速道路料金を天秤にかけるとどれくらいの差があるのでしょうか？　また、天秤にかけるのは費用だけではなく、さまざまなリスクも天秤にかけるべきです。例えば、

　・交通事故の発生の可能性
　・燃費改善
　・長時間労働による行政指導　　などです。

トラック業者の場合、走行距離による歩合給を残業手当として支給している企業もあると思います。その場合、高速道路の利用は経費負担増を招くだけとの理解もできますが、そもそも、走行距離による歩合給を残業手当として支給していることを再検討する余地があるのではないでしょうか。

◆ 高速道路を使うリスクと費用のバランス

```
    残業手当
    交通事故発生の可能性
    燃費悪化
  ┌────────────────┐        ┌──────────┐
  │長時間労働による行政指導│        │高速道路料金│
  └────────────────┘        └──────────┘
              ▲
```

②中継所設置による設置費用負担
③休憩所設置による設置費用負担

中継所や休憩所の設置についても設置費用がかかります。

「木を見て森を見ない」社長の場合、門前払い的に、「そんなことは却下！」で終わってしまう場合がありますが、これも費用対効果をよく検討してください。

④内製化している作業の外注依頼

内製化については、経費削減の1つの手法ですが、すべての内製化が経費削減に結びつくのではなく、案件ごとに検討してみる必要があります。特に、長時間労働や法令違反の可能性のある内製化業務については、積極的にアウトソーシングすべきかもしれません。

ただその場合でも、コンプライアンス企業として法令違反となる作業とわかりつつアウトソーシングすることは避けたいものです。「自社さえよければよい」という考え方では、いずれ企業経営が立ち行かなくなるでしょう。

⑤荷主に対する既存サービスの廃止

　当初はサービスで特別に実施していた作業も時間の経過とともに当たり前になってしまい、感謝もされなくなることはよくあります。

　そこで、一度原点に帰って、契約当時の役務内容に戻したいのですが、荷主企業担当者も契約当時の担当者は既に異動や退職していることもよくあります。

　そして、そのような状況を打開すべく、荷主企業担当者に本来の役務内容に戻すように依頼するのですが、荷主企業担当者からは契約内容の質的低下と理解でき、すんなりとは受け入れていただけないことが現状のようです。

　そこで、トラック事業者としても覚悟をもって交渉にのぞむのですが、「荷主・社会から必要とされている運輸事業」ではない場合、非常に辛いことになります。

　あなたの会社が、「荷主・社会から必要とされている運輸事業者」であることを自負できるのであれば強い気持ちで交渉してください。

　残念ながら、そうではない場合は、なんらかの妥協点（落としどころ）を探しつつ、実現の妥協点を見出し、現状よりは改善させ、並行して「荷主・社会から必要とされている運輸事業者」となるための活動を行ってください。これは一朝一夕に実現はできませんが、ある程度時間をかけたプロジェクトに取り組むことにより必ず実現できるはずです。

⑥荷主への協力依頼

　これは、たとえ一方通行であっても必ず実施すべきです。
　実施の方法としては、
　・案内文の郵送
　・メール
　・ＦＡＸ
　・自社サイトへの掲載

などであり、メールは必ず実施していただき、プラスもう１つ案内文の郵送もしくはＦＡＸを実施してください。メールは後日、証拠に残りますので必ず必要なのです。自社サイトへの掲載は、特定の相手に依頼することにはなりませんが、自社サイトをお持ちの企業は活用すべきでしょう。

この荷主への協力依頼はひとつのアクションですから、「有言実行」のためのプレッシャーにもなりますし、「不退転」の気持ちがより強固になります。

このように荷主への協力依頼を実施したところで、反応はゼロだと思われるかもしれませんが、いくつかの荷主企業からはなんらかの反応があります。

荷主企業の担当者が優秀であるならば、自社製品や荷物を輸送してもらっているトラック事業者からこのような文書が届いた場合、「リスク：ネガティブリスク」もしくは「機会：ポジティブリスク」と捉え、なんらかの反応をしてくるはずです。

仮に反応がなくても、荷主企業の担当者は必ず頭の片隅に置きますので必ず実施してください。

⑦荷主へ運賃、運行条件の見直し依頼

これは、⑥とも重複しますが、特に繊細な問題です。

数年前は原油価格の高騰とともに軽油の価格が跳ね上がり、運輸事業者の経営を圧迫していました。そのような事態でも、運賃値上げに応じてくれる荷主企業は少数派で、燃料サーチャージ制の導入もまれでした。現在（2016年）を含めてここ最近は、軽油の価格がそれほど高騰していないため、原油価格の高騰による運輸事業者の経営圧迫はあまり話題になりませんが、このまま燃料が下がっていくと逆に運賃の値下げ要求が求められる可能性も否定できません。

ここで、運輸事業者が堂々と荷主企業に伝えていただきたいことは、

安全の実現にはお金がかかる ということです。

安全運行のため、交通事故削減のために運賃の見直し要求が必要なのです。また、運賃ではないにしても運行条件の見直しも必要な場合が多々あります。

ただ、やはりこれらは要求しがたいことは事実です。

そこで考えていただきたいのですが、ここでも「すべてのことに根拠がある」を思い出してください。

運賃の値上げ要求、運行条件の見直し要求の根拠を可能な限り数字で示したうえで荷主に要求してください。

明確なデータが存在していれば、無下（むげ）に「無理です」と要求を突っぱねられることは少ないのではないでしょうか？　すぐに応じていただけなくても、

・○月ごろまで待ってください

・○○が□□になったら

などの前向きな回答を引き出せることも多いのです。

ただ、そこで"ろくでもない敵"が現れる可能性があります。"ろくでもない敵"とは、同業者です。

安全管理も労務管理も法令遵守もできていない、行政処分さえも怖がらない同業者が、あなたの会社より低廉な運賃で輸送を引き受ける場合があるのです。

このことはすべての業界で発生していることですが、特に運輸事業のように安全上の問題がある場合は低廉な運賃は命取りになります。なかには、価格が安くサービスもよい企業が存在しますが、それは非常にまれなことです。

⑧不採算顧客との契約解除

　これには、まさに経営判断が必要となります。

　いままでの慣習というか、先代の経営者時代からの顧客などの、不採算顧客がどのような組織でも存在しているはずです。また、「不採算」とまではいかなくても、ほとんど利益がない状態の顧客があります。このような顧客の場合、「この部分では不採算だが、あちらの部分では儲けさせていただいている」というのであればよいのですが、なんとなく不採算顧客や路線が維持されている場合、そして、それが長時間労働につながってしまっている場合については、契約の解除が必要でしょう。

　あえて、「契約の見直し」としないで「契約の解除」と表記したことには理由があります。その理由とは、

契約解除を前提にしなくては必ず足元を見られる

ということです。

　ですから、あなたの会社のしかるべき立場の方が荷主企業に対して「契約の見直しをお願いしたいのですが」ではなく、

「申し訳ありませんが、○月で契約を解除させていただきます」

と伝える必要があるのです。

　もちろん、これは本気でお願いします。単に「見直し」をお願いした場合は、せいぜい、「検討しておきます」で、終わってしまい、その後、数か月放置されるのがオチです。

　その点、「契約の解除」を伝える場合は、決定事項を伝達するにすぎませんので「えっ？　どうしてですか？」という反応になります。

　そして、荷主企業は真剣に対応を検討します。場合によっては、「わかりました」で済まされてしまうこともありますが、それはそれで結構でしょう。ただ、この伝達は契約を遵守した内容で行ってください。

例えば、「契約を終了する場合は、2か月前までに書面により伝える」と規定されていれば、それに従ってください。

この行動には、"駆け引き"は行わないでください。ただし、一方通告的な行動ですから、「なぜ、契約を維持できないのか？」の理由を明示する必要があります。このことにより、「品のない行動」と取られることはないでしょう（相手方にもよりますが）。

とにかく、このままの状態で契約を維持することは、ドライバーに長時間労働を強いることになり、その結果、重大事故発生の可能性があることを伝えてください。

以上、A社の事例とは別に社長・経営層による苦渋の判断が必要な例を説明しました。

ヒトであっても組織であっても「なにかを変える」ことは膨大な労力を必要とします。誰しも「このままが楽」なのです。

しかし、「このまま」を維持することでリスクを放置しているのであれば、やはり変えなくてはなりません。それができるのは、組織の場合、社長・経営層なのです。

人は、なにかを得る欲求より、既に得ているモノ・コトを失いたくない欲求の方がはるかに高い

ということを理解してください。

既に獲得していることを手放したくないがために、人は行動するのです。しかし、そのような欲求を正しく評価し直し、手放してしまうと案外、どうということはない場合が多いのです。

このような事態に陥ったとき、「なぜ、手放したくないのか？」と、自問自答してみてください。案外、すんなり手放せる状況に変わるかもしれません。

以上のことを確認するためにまず、社長・経営層は、

○○を維持するために得られる対価と失う代償

を比べて、早めの判断をしてください。

荷主企業◆社の輸送業務を続けることにより 「得られる対価」と「失う代償」を天秤にかける

得られる対価：運賃、そのほか付帯的に獲得できるコト、モノ
失う代償：各費用（燃料代、人件費など）、交通事故、行政指導など

　私はコンサルティング会社経営の傍ら、社会保険労務士・行政書士事務所を主宰していますが、私自身、コンサルティング業務、マネジメントシステム審査業務に多くの時間を取られているため、社会保険労務士・行政書士業務については、補助者（一般企業の従業員に該当）に多くの業務処理を委ねています。ですから、補助者を守るためにも、脱法行為とも取れる依頼をしてくる場合や無理難題を依頼してくるお客様は積極的にお断りしています。また、当然ですが「怒鳴る」、「威嚇する」、「女性を軽視する」などの品のないお客様もお断りしています。
　このようなことは、最初は正直、非常に勇気がいるものでしたが、やってみると特に問題もなくスムーズに事務所運営ができるようになりました。また、「類は友を呼ぶ」とはよく言ったもので、いまも顧客として残っていただいている企業を優良企業とした場合、その企業にご紹介いただける企業も優良企業であり非常にありがたいことです。
　士業の方のなかには、グレーゾーンのお客様とおつきあいしている方もいらっしゃるようですが、そのような場合は、噂が噂を呼び、負

の連鎖のごとく、グレーゾーンのお客様が集まってくるようです。

お客様や同業者からは、「考え方が固すぎる、もっと柔軟に対応してほしい」と要望される場合もありますが、「柔軟な対応」とは、なんですか？

私はリスクマネジメントの専門家として、士業事務所にとって「柔軟な対応」を「リスク」と評価し、その対応をしているまでです。多くの補助者に業務を委ねている関係上、彼ら、彼女らにはクリーンな仕事をしてほしいのです。

以上が当事務所の業務姿勢であり、少々恐縮ですが、運輸事業者のドライバーにも「クリーンな仕事」を中心にしてもらうことはできないものでしょうか。

(14) 実施計画を実行していく

策定した実施計画を実行して、進捗管理は毎月実施してください。そして、当然ですが、できなかった場合は「なぜできなかったのか？」についても明確にしていただき、場合によっては、実施計画の変更が必要かもしれません。

実際、A社を含めて時短を実施した運輸事業者の実行結果を見てみましょう。

①同一の業務を同一の担当者が処理する

　結果：1つの流れで同一業務を同一担当者に担当させることにより作業効率がアップし、ミスが削減できた。また、業務の引き継ぎ時間も不要となった。一方、当該担当者が急に欠勤や退社することに備えて多能工化を図った。今後は手順書を作成予定。

②ドライバーの能力、経験、保有技術に合わせた配車（「力量表」を作成し、適材適所配置）

　結果：配送経路、作業内容ごとの「力量表」を作成することにより、

「配車計画」が効率よく作成できるようになった。さらに適材適所で生産性が上がった。

③1つの作業終了後の次の作業を早めに指示する
　結果：前日に翌日すべての作業計画が立案可能な場合は、前日にすべての業務指示を行うようにした。翌日のすべての作業計画が前日に立案不可能な場合は、可能であれば1つ目の作業終了後の空き時間に実施できる作業をあらかじめ準備しておくようにした。このことにより無駄な空き時間が削減できた。

④配送経路の分割
　結果：2つの配送先のうち1つと取引停止を行い、長時間労働の配送経路がなくなった。

⑤配送経路の接合
　結果：配送経路をつなげて、効率のよい配送を行い労働時間が削減できた。

⑥高速道路の利用
　結果：当初、利用の上限を設定する意見が出たが、当面は、運行管理者がその都度利用の有無を指示するようにした。高速道路利用の結果、効率化でき運賃収入は上がったが、高速料金と比べると若干、高速料金の方が上回った。しかし、時短効果を考え、このまま継続する。

⑦最大拘束時間が16時間を超える工程の洗い出し → 分解など
　結果：配送経路を洗い出し、配送経路の分解を実施した。結果、最大拘束時間は16時間以内で収まるようになった。この取組みは法令遵守のために必要。

⑧運転時間が9時間を超える工程の洗い出し → 改善など
　結果：配送経路を洗い出し、運転時間を9時間以内に収めるために集荷先を1件お断りした。結果、法令遵守ができた。

⑨コストに対して売上の低い配送経路の洗い出し → 廃止など
　結果：配送経路を洗い出し、いくつかの集荷先との契約を終了した。また、配送経路洗い出し作業のなかで、金銭的な効率の悪さだけではなく、時間がかかる配送経路についても洗い出し、対策を施した。
⑩中継業務の増加、新規設置
　結果：3か所の中継所を稼働させ、時短につなげた。中継所は新設だけではなく、既存の施設も活用した。
⑪集荷業務と配送業務の分業制実施
　結果：一部の配送経路で実施し、時短につなげた。
⑫○○の無料使用
　結果：一部無料使用が実現し、時短につなげた。
⑬横持ちの活用
　結果：少々時間がかかったが、実施に漕ぎ着け時短につなげた。
⑭荷積み、荷卸し業務にパートを配備
　結果：パート従業員を採用し、時短につなげた。
⑮労働時間の上限を設定（運行管理者が常に把握）
　結果：上限時間を○○時間に設定し、残時間を意識した配車を組むことにより、労働時間が削減できた。ただし、繁忙期には難しい。
⑯やめる作業と続ける作業の選別
　結果：やめる作業について各営業所から情報を上げさせた結果、かなりの量のやめる作業案が提出され、いくつか実施した結果、時短につなげた。
⑰集荷先、配送先の待ち時間の削減（無駄な待ち時間データをもとに発荷主・着荷主へ依頼）
　結果：集荷先、配送先へ「お願い文書」を送付し、数か月後に待ち時間の削減への対応、荷卸し要員の確保などを対応していた

　　　　だき、時短につなげた。今後も継続的に協力依頼を行う。
⑱集荷先、配送先との無駄なコミュニケーションの廃止
　　結果：社内ミーティング、点呼時に「ほどほど」にするように要請。引止めがあまりひどいようであれば、会社から対応する。
⑲顧客からの集荷・配送要求にすべて応えるのはやめる
　　結果：集荷先・配送先とのルール決めを実施し、ある程度は改善でき、時短につなげた。
⑳集荷時刻と配送時刻を集荷先と配送先に守ってもらう
　　結果：事前に口頭で打診の上、「要望文書」を提出した。その結果、すべてではないが一部の集荷先・配送先で応じていただいた。今後、応じていただいた集荷先・配送先の存在を知らせ、さらなるお願いをしていく。
㉑集荷日の統一
　　結果：事前に口頭で打診のうえ、「要望文書」を提出したが、未対応の集荷先あり。
㉒配送荷物へ配送先の表示
　　結果：当社に対して荷主企業からある要望が予定されていたので、その際、当社からの要望をお願いし実現した結果、無駄な作業が削減でき時短につなげた。
㉓当初契約内容にはなかったが、いつの間にか義務になってしまったサービスの廃止
　　結果：集荷先・配送先の担当者に口頭で伝えた後、過去の契約内容を記した文書を提示し説明した。最初は渋っていたが、契約内容を詳しく説明した結果、廃止と別料金で実施の2通りで対応いただいた。結果、時短及び収入増加となった。
㉔路線業務の委託
　　結果：繁忙期に委託し、時短につなげた。

㉕集荷場所、配送場所に休憩所設置
  結果：設置したが利用者が少ない。ただし、設置し利用を促すことで、荷待ち時間を完全な休憩時間にすることが目的なので、継続して、休憩所の活用を指示していく。
㉖運賃・運行条件の粘り強い見直し交渉
  結果：なかなか応じてはいただけないが、利益の少ない路線については強気で交渉にのぞんでいく。交渉は継続。
㉗荷主企業への協力依頼を文書（依頼書、議事録、メール）に残しておく（自社防衛のために）
  結果：他項目とも重複するが、集荷先・配送先に対して積極的に時短・交通事故削減に取り組んでいることをＰＲし、協力要請することは重要であると認識。
㉘自社が時短への取組みを開始したこと、協力をお願いする可能性のあることの文書を郵送する
  結果：時短への取組み開始時に「お願い文書」を郵送した結果、半数の郵送先から「なにをすればよいでしょうか？」という趣旨の反応があった。
㉙業界紙・協会紙・組合紙へ時短への取組み開始について記事にしてもらう
  結果：記事として掲載していただき、外部へのＰＲはもちろん、社内の時短への取組みを盛り上げ、後退できない空気を演出した。
㉚荷役作業の禁止
  結果：契約上、作業対象となっていない現場で荷役作業の自粛を要請した。一部、聞き入れられたがなかなか難しい状況。

　以上が実施状況です。実際には１社あたりこの1.5倍〜３倍くらいの実施事項が出てきますが、内容が具体的すぎ、各社の輸送物や組織名が判明してしまうのでこれくらいでご了承ください。

また、実施事項を実行していると絶対に次のアイデアが浮かんできます。そのアイデアをまた実施に移していくことでさらなる改善ができるのです。

わが国には「石の上にも三年」ということわざがありますが、私は、

とにかく3年間はがむしゃらに活動する

という意味に捉えています。決して、「座して3年過ごす」の意味ではありません。

ようするに、時短への活動をがむしゃらに実施してください。そうしているうちに次の素晴らしいアイデアや状況の変化が訪れるのです。

(15) 荷主企業（元請け業者）への協力依頼

交通事故削減への取組みについて、荷主企業への協力要請が全く受け入れられないのであれば、次のいずれかが理由かもしれません。

①あなたの会社はほかにいくらでも存在する価値が少ない運輸事業者
②コンプライアンスとは無縁の自社さえ儲かればよいという荷主
③あなたの会社が大手企業の物流子会社である運輸事業者

③の場合は仕方ないでしょう。そもそも、大手物流企業の子会社である運輸事業者は大手企業が存続するために必要な運輸事業者ですから、大手企業の要望通りに組織活動しなくてはなりません。だからといって、ＣＳＲから逸脱するような要求はないと思いますが、運輸事業者から要望することも難しいのかもしれません。

②については問題ですね。そのような荷主企業が存在すること自体も問題ですが、そのような荷主企業とつきあわなければならないという現状が問題です。

②のような荷主は、自社の輸送を担当している運輸事業者のことなど全く考えていませんので、「Win-Winの関係」などありえないのです。彼らのスタンスは、

代わりの運輸事業者などいくらでもいる ですから。

　これは、運輸事業者だけの話ではなく、どの業種・どの事業の顧客企業でも存在します。

　困ったときだけ擦り寄ってきて、それ以外は横柄な態度をとる企業の存在をあなたもご存じだと思います。また、この手の企業は規模の大小にかかわらず存在しているので、大手企業だと少々厄介です。

　なぜなら、変に力を持っているからです。そのような企業とはソフトランディングで縁を切りたいものです。もちろん、その企業全体がそのように「品のない振る舞い」をするわけではなく、一担当者だけの問題かもしれませんが、そのような担当者が存在しやすい組織風土なのかもしれません。

　もし、荷主としての立場で自社が輸送を依頼しているトラック事業者が重大事故を起こし、その原因の１つが荷主からの過度な値下げ要求であり、その事実が、世間に公表された場合、荷主企業としてどうしますか？

　「当社では、適切な輸送契約のもとに双方が了解したのであるから当社には責任ございません」と主張した場合、確かに法的責任はそうかもしれませんが、社会に公表された場合、社会は納得するのでしょうか？

　不祥事と思われる事実が明らかになった場合、当初は開き直ったように強気に出ていた企業が、社会からバッシングを浴びたとたんに手のひらを返し、平身低頭で記者会見する映像がありますね。あれは本当にみっともないものです。

　本章⑤で荷主の責任について少々触れていますので参考にしてください。

　ここで、**①あなたの会社はほかにいくらでも存在する価値が少ない運輸事業者**について考えてみましょう。

第2章　交通事故半減のための具体的な取組み

　第1章①で荷主企業から囲い込みが始まっている運輸事業者として、「荷主・社会から必要とされている運輸事業者」であることを説明しました。また、別の囲い込み対象として「運賃が安いだけの不良運輸事業者」であることも説明しましたが、このような業者は考え方を改めない限りいずれ消えゆく業者なので無視しましょう。
　あなたの会社はぜひ、

荷主・社会から必要とされる運輸事業者

になってください。
　もし、仮に、現在あなたの会社が「運賃が安いだけの不良運輸事業者」であったとしても遅くはありません。まだ、変わることができます。
　私もこの業界には前職を含めて27年かかわっていますが、以前は聞くに堪えない不良運輸事業者であったにもかかわらず、現在では安全管理に非常に気を遣い頑張っている事業者があることを理解しています。
　一方で、体裁上は優良運輸事業者であることを演じていますが、実情はひどい内容の運輸事業者も存在しているのではないかと思います。このことは特に運輸事業者に限ったことではありませんが、既に説明した「トラックやバスは大量殺人兵器」である事実を勘案しますと、運輸事業を営む不良業者の存在は非常に怖いですね。
　では、「荷主・社会から必要とされている運輸事業者」になるにはどのようにすればよいのかは、ここでは詳細な説明をしませんが、ただ、ほとんどの組織で可能ということをお伝えしておきます。
　以上のように、組織は変わろうと思えば変わることができるのですが、とりあえず、時短活動の推進について、荷主企業や元請け業者に協力を依頼しその反応により、
　・自社が荷主企業・元請け業者からどのような評価なのか？
　・どのような荷主企業・元請け業者なのか？
がリトマス試験紙のごとくわかるかもしれません。

(16) 一歩進んだ時短のための「プロセスリストラ」の考え方

　A社をはじめ運輸事業者の時短活動では、**本節**で説明したドライバーからの意見、各営業所からの意見を中心に時短ネタを洗い出し、実施していきましたが、より専門的に時短を進めるのなら「時短マネジメントシステム」の採用をおすすめします。

　ただ、この「時短マネジメントシステム」は、自社だけで取組むには事前学習が必要ですので少々ハードルが高いかもしれません（その代わり効果は抜群です！）。そこで、今回のドライバーや各営業所などの現場の意見をより一層、工夫した時短アイデアにするための考え方を説明します。

■プロセスリストラとは

　ここではプロセスリストラを次のように定義しましょう。

　プロセスリストラ：

　起きてしまった問題を解決するために（現状を改善するために）、問題発生源が含まれている一連のプロセスを明確にし、問題発生源のプロセスを再構築すること。

　ようするにプロセスリストラとは、問題解決、改善の手法なのです。この定義をトラック運輸事業の時短活動に当てはめてみますと、

> 長時間労働を解決するために、長時間労働の原因が含まれていると思われる一連のプロセスを明確にして、原因が含まれているプロセスを特定し再構築すること

になります。

■「再構築」とは

　「再構築」とは、リストラのことです。私たちは、"リストラ"と聞くと整理解雇などの負のイメージを連想してしまいがちですが、そもそ

も「リストラ」とは、Restructuring（リストラクチャリング）のことで、再構築の意味であり、決して、解雇の意味ではありません。

経営を立て直すため（再構築するため）に、人員整理を行ったことから「リストラ」に対して、負のイメージがあるのでしょう。

■プロセスリストラの種類

リストラの対象であるプロセスに施す手法として次の14項目を想定しています。

①そのプロセスをやめられないのか（断れないのか）
②そのプロセスの前後に追加するプロセスはないのか
③そのプロセスを人手作業から機械作業に変えられないのか（逆も）
④そのプロセスのモノの種類を変えられないのか
⑤そのプロセスを外注に出せないのか（逆も）
⑥そのプロセスを担当している要員の力量を上げられないのか
⑦そのプロセスを担当している機械・設備の能力を上げられないのか
⑧そのプロセスの処理方法を変えられないのか（処理順番を含む）
⑨そのプロセスとほかのプロセスをまとめられないのか（分割を含む）
⑩そのプロセスと並行してできることはないのか（直列も）
⑪そのプロセスの処理時間は適正か（少なすぎるor多すぎる）
⑫そのプロセスのアウトプットの基準が高すぎないか（低すぎないか）
⑬直前のプロセスに問題がないか（インプットに問題がないか）
⑭そのプロセスの担当者を変えられないのか

ほかにも考えられますので、この14項目をヒントに広げればよいでしょう。

これら14項目のプロセスリストラをグループ分けすることにより、理解を深めていただけると思いますので、一つひとつの説明に入るまえに、3つのグループに分けてみます。

2 長時間労働是正への取組み

◆ プロセスリストラのグループ

```
┌ プロセス全体に関する ┐  ┌ インプットに着目 ┐  ┌ アウトプットに着目 ┐
    ①②⑤⑧⑨⑩           ③④⑥⑦⑪⑬⑭              ⑫
```

では、14項目のプロセスリストラをごく簡単に説明してみます。

そして、**本節（11）時短のための30の施策**が次のどれに該当するのかを見ていきます。

①そのプロセスをやめられないのか（**断れないのか**）

意味：「そもそもそれが必要なのか？」です。
　　　疑問にも思えず実施していることが無駄ではないのでしょうか。
　　　⑨コストに対して売上の低い配送経路の洗い出し → 廃止など
　　　⑯やめる作業と続ける作業の選別
　　　⑱集荷先、配送先との無駄なコミュニケーションの廃止
　　　㉓当初契約内容にはなかったが、いつの間にか義務になってしまったサービスの廃止
　　　㉚荷役作業の禁止

②そのプロセスの前後に追加するプロセスはないのか

意味：ひと手間かけることにより逆に生産性が上がる場合のことです。
　　　⑩中継業務の増加、新規設置

③そのプロセスを人手作業から機械作業に変えられないのか（**逆も**）

意味：機械化して合理化できないか、あるいは逆に人の手で処理した方が早くないのかということです。

④そのプロセスのモノの種類を変えられないのか

意味：投入するモノ（インプットするモノ、コト、ヒト）を変えることにより合理化できる場合があります。

　　⑭荷積み、荷卸し業務にパートを配備
　　㉒配送荷物へ配送先の表示

⑤そのプロセスを外注に出せないのか（逆も）

意味：「餅は餅屋」で外注に出した方が効率がよくなる場合もあります。逆に内製化した方が効率がよい場合もあります。

　　㉔路線業務の委託

⑥そのプロセスを担当している要員の力量を上げられないのか

意味：従業員の力量を教育訓練や熟練などで上げることにより生産性を向上させることです。

　　②ドライバーの能力、経験、保有技術に合わせた配車

⑦そのプロセスを担当している機械・設備の能力を上げられないのか

意味：機械・設備の処理能力を上げることです。

　　㉕集荷場所、配送場所に休憩所設置

⑧そのプロセスの処理方法を変えられないのか（処理順番を含む）

意味：プロセス処理の順番を変えることにより生産性を向上させることです。

　　③1つの作業終了後に次の作業を早めに指示する
　　⑥高速道路の利用
　　㉑集荷日の統一
　　㉖運賃・運行条件の粘り強い見直し交渉

⑨そのプロセスとほかのプロセスをまとめられないのか（分割を含む）
意味：2つのプロセスを1つにまとめること、または、1つのプロセスを2つに分けることです。このことにより生産性が上がる場合があります。
　　④配送経路の分割
　　⑤配送経路の接合
　　⑦最大拘束時間が16時間を超える工程の洗い出し → 分解など
　　⑧運転時間が9時間を超える工程の洗い出し → 改善など
　　⑪集荷業務と配送業務の分業制実施

⑩そのプロセスと並行してできることはないのか（直列も）
意味：同時進行でプロセスを処理することです。逆に同時進行プロセスを前後に分けることも該当します。
　　⑬横持ちの活用
　　㉗荷主企業への協力依頼を文書（依頼書、議事録、メール）に残しておく（自社防衛のために）
　　㉘自社が時短への取組みを開始したこと、協力をお願いする可能性のあることの文書を郵送する
　　㉙業界紙・協会紙・組合紙へ時短への取組み開始について記事にしてもらう

⑪そのプロセスの処理時間は適正か（少なすぎるor多すぎる）
意味：本来10分で作業できるプロセスを20分かけていませんか？　逆に15分必要なプロセスを10分で処理したために、できばえが悪く、かえってその処理で時間がかかっていませんか？
　　⑰集荷先、配送先の待ち時間の削減

第2章 交通事故半減のための具体的な取組み

⑫そのプロセスのアウトプットの基準が高すぎないか（低すぎないか）
意味：プロセスのアウトプット（できばえ）として過剰品質を要求していないでしょうか。その過剰品質のために無駄な時間が発生していませんか？　逆に基準が低すぎてその後始末に時間が割かれていませんか。
　　　⑮労働時間の上限を設定（運行管理者が常に把握）
　　　⑲顧客からの集荷・配送要求にすべて応えるのはやめる
　　　⑳集荷時刻と配送時刻を集荷先と配送先に守ってもらう

⑬直前のプロセスに問題がないか（インプットに問題がないか）
意味：投入されるインプットが不完全なために、当該プロセスで余分な手間がかかっていませんか？
　　　⑫○○の無料使用

⑭そのプロセスの担当者を変えられないのか
意味：作業者の配置は適材適所でしょうか？
　　　①同一の業務を同一の担当者が処理する

　以上、①〜㉚の施策を14項目のプロセスリストラに結果的にあてはめましたが、一歩進んで時短に取り組むには、最初に14項目のプロセスリストラの着眼点で施策を検討・洗い出しをしていくと、より効果の高い施策を思いつくことができます。
　また、このプロセスリストラの考え方は時短だけではなく、あらゆることに活用できます。

(17) 「稼ぎたいドライバー」も本音は「休みたい！」

　本章①（7）プロジェクトリスクの認識及び対応では、「時短により給料が減ることによるドライバーの退職」がプロジェクトリスクで

あることを説明しました。実際、運輸事業者が時短に取り組む場合の大きな懸念材料であることに違いありません。

しかし、時短により給料が減り退職を考えるドライバーは、時短への取組み開始時点では退職はせずに、時短が実現され、1、2か月経過後にほかの運輸事業者への転職を考えるようになるのです。

時短実現の1、2か月後ということは実際に長時間労働からある程度解放され、ドライバーとしてはゆとりという「果実」を手に入れた後ですから、それを手放すことに抵抗を覚えるのです。

そうです、長時間働いて稼ぎたいドライバーも本音は

「休みたい！」ということです。

実際に時短実現により、子供と過ごす時間や、余暇を楽しむ時間を手に入れたことになり、精神的にゆとりができたことも事実なのです。

確かに手取りの給料は減ってしまったので、それにより生活できないのであれば仕方ありませんが、なんとかなってしまっている場合は、あえて、「以前の長時間労働に戻りたい」とは思えないものです。

以上のことから、プロジェクトリスクである「時短により給料が減ることによるドライバーの退職」は、ゼロではないかもしれませんが、確率的には0.5％〜2％ではないでしょうか？（200人のドライバーのうち時短が原因での退職は1人から4人）

ただ、**本章①（7）プロジェクトリスクの認識及び対応**で説明したとおり、退職理由が時短ではなくても、めぼしい理由が見つからないために退職理由を時短として退職するドライバーもいますが、真の理由ではありません。

(18) どれくらい時短が実現できたのか？

では、どれくらい労働時間が削減できたのかというと、A社の場合1人あたり1か月平均で

13時間43分 の削減となりました。

　仮に、ドライバーの１か月あたりの平均給与（労働の対価としての給料に限る）が、25万円の場合で、１か月の所定労働時間が177時間とすると「250,000円÷177時間×1.25＝1,766円」が１時間あたりの残業単価となり、「1,766円×13時間43分＝24,223円」の１人あたり１か月24,223円の人件費が削減され、

・ドライバー 50人の場合：1,211,150円
・ドライバー100人の場合：2,422,300円
・ドライバー200人の場合：4,844,600円

が１か月で削減されたことになります。

　ただ、この金額は、撤退した路線などの結果もありますから、その分運賃収入がなくなっていますので、その点も考慮して効果を測定しなくてはなりません。

　残業時間の削減は前述のように運賃収入の減少という結果を招く場合もありますので手放しでは喜べない側面もありますが、少なくとも残業時間が削減され、拘束時間も削減され、交通事故のリスクが低下したことは事実です。さらに法令遵守度がアップしたこともつけ加えておきます。

　ただ、１つの営業所では、１人あたり１か月平均で47.4分労働時間が増えてしまいました。ほかのすべての営業所では削減できたのですが、１営業所のみ残念な結果になりました。

　増えた原因は時短活動とは関連性のないほかの原因によるものですが、なんらかの検証、対策が必要でしょう。

　この１人平均１か月「13時間43分」は、100人を超えるドライバーの平均であり、残念なことに労働時間が増えたドライバーが17.56％いたことも事実です。

　このデータは、時短への取組み前と取組み後の同時期の半年間を比

べた数値です。その後の半年のデータを合わせて1年間にした場合さらに削減時間は増える見込みです。

(19) 時短が実現できなかった営業所、ドライバーへの対策

検証の結果、時短への取り組んだものの残念ながら
・労働時間が増えた営業所
・労働時間が増えたドライバー

が存在することがありますが、その場合こそ「問題には必ず原因がある」のですから、
・労働時間が増えた原因
・時短施策の効果が出なかった原因

を追究すればよいのです。

この時点で原因追究することにより、案外容易に原因がつかめ、対策を即、打てる場合が多いのです。

このように迅速に次の行動を起こしていき、効果に結びつけることができるのがPDCAの優れた点であり、そのように運用すべきです。

(20) ドライバー、従業員の声に耳を傾けて

本節では、運輸事業者の時短について実話を交えて具体的に説明してきました。

運輸事業者は、運ぶものにより全く異なった業種の様相を呈しますので、**本節**の事例があてはまる運輸事業者さんばかりではないと思いますが、必ず、あなたの会社に適した時短のための施策が存在しています。そのためのアイデアを思いつく方も、現状をよく理解している方もドライバーです。どうか、ドライバーの意見にもっと耳を傾けてください。ドライバーだけではありません。

全従業員の意見に耳を傾けてください！

第2章 交通事故半減のための具体的な取組み

　ドライバーをはじめ従業員から意見や提案がほとんどないことをぼやいている社長、経営層はたくさんいらっしゃいますが、実は、ドライバー・従業員が意見や提案を出しにくい組織風土なのではないですか？

　そもそも、自分の考えを持っていない人など1人もいません。ようは、自分の想いを他人に伝えられるか否かなのです。

　どうか、他人に伝えやすい組織風土の構築を目指してください。

> **column コラム**
>
> 　今回の時短への取組みは、前述のとおり簡易的な手法を活用しましたが、専門的には「時短マネジメントシステム」を開発しており、より効果が出る内容となっています。「時短マネジメントシステム」概略は以下のとおりです。
>
> **ステージ0：**
> 1　社長による長時間労働時間削減宣言
> 2　プロジェクトチームの結成
> 3　プロジェクトメンバーへの事前教育
> 　　プロジェクトリスクのあぶり出し
> 　　アンケート実施
> 4　現状把握（過去1、2年のデータ分析）
> 　　・平均残業時間、最高残業時間（月ごと、人ごと）
> 　　・相関、ヒストグラム等を活用してのデータ分析
> 5　日常の運用管理策決定
> 6　全社員に向けての「時短マネジメントシステム」取組み宣言
>
> **ステージ1：**
> 7　無駄な労働時間発生のあぶり出し
> 8　根本的に作業時間を改善する手法決定
> 　　プロセスリストラ策の決定
> 9　長期目標、短期目標及び実施計画の策定
> 10　策定した実施計画と運用管理策の実施
> 11　残業時間、労働時間の監視、測定及び検証
> 12　情報共有、運用情報の開示

13　効果があった取組みの標準化
14　社内発表（成果発表）

ステージ2：
15　業務処理プロセスの明確化と標準処理時間の設定
16　無駄な労働時間のリスクアセスメント
17　無駄を根本的に改善するプロセスリストラ策の手法決定
18　長期目標、短期目標及び実施計画の改訂
19　改訂した実施計画を運用
20　情報共有、運用情報の開示
21　残業時間、労働時間の監視、測定及び検証
　　・効率、稼働率
　　・のそり状態（作業効率が悪い状態）、蒸発状態（就業時間中に作業していない状態）、妨害時間
　　・業務処理量、作業品質
22　効果があった取組みの標準化
23　不適合処置、是正処置
24　内部監査
25　マネジメントレビュー
26　組織内に成果発表
27　継続的改善
28　取組みリスク、取組み機会を監視し継続的改善

交通事故削減の取組み

(1)「起きてからの対策」より「起きる前の対策」が100倍重要

2013年にISO39001の著書を執筆した際、金沢悟氏(元国交省自動車交通局局長、前独立行政法人自動車事故対策機構：NASVA理事長(ISO39001日本事務局)、現公益財団法人運行管理者試験センター理事長)をインタビューしたのですが、金沢氏からうかがったことがいまでも強く印象に残っています。その想いとは、次の内容です。

> 「なにかことが起きてしまってからその処理にかかるコスト」と「日ごろからほめてもらい問題を予防し改善するために必要なコスト」では、後者のコストの方がはるかに低い。これが、安全性の向上をテーマとしてきた私の人生哲学です！

確かに人は予防のためにはあまり努力はしないのですが、問題発生時の解決には努力を惜しまないものですね。

このように書くと少々美しいのですが、意地悪な解釈をすると、

> 日ごろからやるべきことは怠っているが
> それがバレると全力で取り繕う

と、表現することは言いすぎでしょうか。

悲しいことですが、運輸事業者ではよくあることではないでしょうか。しかし、問題発生後に取り繕ったところで、さらに問題を大きくしてしまう可能性があり、最悪の場合、社会的制裁はもちろん法的制裁を受けることになってしまいます。それよりも、金沢氏が話したように「日ごろからほめてもらい問題を改善する」ことが必要ではないでしょうか。運輸事業者が社会や監督官庁からほめてもらう交通事故削減関

連の制度としては、
- 運輸安全マネジメント
- ISO9001（品質マネジメントシステム）
- ISO39001（道路交通安全マネジメントシステム）
- OHSAS18001（労働安全衛生マネジメントシステム）
- Gマーク（安全性評価）

が、考えられます。

　これらは、制度や仕組みとして確立した手法ですが、これらに限定せず、自社で運用しやすく自社に合った取組みをされるとよいでしょう。

　この取組みでは、事故発生時などの問題発生後の活動についても取り決めますが、重要なことはいかに交通事故を防止・削減するのかということです。そして、金沢氏が話したように予防コストの方が発生後の問題解決コストよりはるかに低いのですから、この点からもクレバーな社長であれば予防コストに投資することが理解できます。

(2) 成果の出る取組みとは？

　私が考える「仕組み」の定義を再掲します。
- ＰＤＣＡがある
- 取組みが連動している

です。

　**本章①（8）交通事故削減には「仕組み」を活用しようでは、「取組みが連動している」について、「ほかの取組みやプロジェクトとの連動の必要性」を説明しましたが、実は、もっと基本的な「連動」ができていない場合があるのです。

　それは、

　　　　　一つひとつの仕組みや取組みが連動できていない

ということです。

第2章　交通事故半減のための具体的な取組み

「一つひとつの仕組みや取組みが連動できていない」ということは、もはや「仕組み」と呼べないのですが、このような事例がかなりあるのです。

私が「マネジメントシステムコンサルタント」として活動している理由の1つに「一つひとつの仕組みや取組みが連動できていない組織に対して、私が指導することにより、一つひとつの仕組みや取組みを連動させ、成果を上げることができる仕組みとして再構築させていただく」ことがあります。

せっかく、よい取組みを実施しようとしていても、この"連動ができていない"ことにより、成果が出せないことが多々あるのです。

あなたの組織がなにかの取組みを実施していて、いま一つ成果が出せないのであれば、それは"連動"ができていないことが理由ではないでしょうか。

例えば、同業他社が起こした事故情報を入手することが、運輸安全マネジメントの事故情報入手の取組みとして実施することになっていた場合を想定してみましょう。

例：他社事故情報：
トラック左折時に車道脇を直進してきた自転車を巻き込んで死亡させてしまった。
①C社の場合：事故発生の詳細な情報をドライバーの休憩所の掲示板に掲示して注意喚起した。
②D社の場合：事故発生の詳細情報を掲示板に掲示し、点呼時にその内容を必ず確認することを指示し、確認したことを帰庫点呼時にサインさせ、事故発生の原因を考えさせ「日報」に記載させた（左折時に一度減速もしくは一時停止し左後方を確認しなかったことを原因とした）。

また、サンプリングした5人のドライバーのドライブレコーダーの画像を解析し、左折時の減速もしくは一時停止を実施しているのかを検証し、その検証結果をもとに1週間後に安全管理講習を開催し、同内容の発表と今後の対策を指示した。

さらに1か月後、前述の5人と別の2人のドライバーのドライブレコーダー画像を検証し、指示した対策の実施状況を検証し、その検証結果から改善・是正を指示した。

以上、C社、D社の取組みがマニュアル化されている場合、次のようになるでしょう。

【C社のマニュアル】
1　県内同業者が死亡事故を起こした場合、その発生状況をわかりやすく説明した文書をドライバー休憩室掲示板に掲示する。

【D社のマニュアル】
1　県内同業者が死亡事故を起こした場合、その発生状況をわかりやすく説明した文書をドライバー休憩室掲示板に掲示する。
2　点呼時に全ドライバーに対して、掲示した内容の確認を指示し、内容を確認した場合、帰庫点呼時に「日報」にサインさせ、事故の発生原因についても「日報」に記載する。
3　運行管理者はドライバーが特定した原因を参考のうえ、真の原因を特定し、その原因となる振る舞いが自社ドライバーに起きていないことを確認する。
4　"1～3"の内容をもとに1か月以内に安全管理講習を開催し、今後の対策を指示する。
5　運行管理者は、"4"で指示した対策の実施状況を検証し、その結果をもとに改善・是正を実施する。
6　以上の記録を「他社事故情報顛末書」に記録する。

いかがでしょうか？

他社の死亡事故事例の活用方法ですが、C社は、取組みのやりっぱなしと言えるものであり、D社については自社の出来事として置き換え、

自社での発生防止に備える連動した取組みとなっています。
　このように
　・1つの仕組みでも連動していない場合
　・1つの仕組みのなかでお互いに連動している場合
の2通りが考えられ、前者の「連動していない場合」は、成果を上げるのは非常に難しいでしょう。
　非常に辛辣なことを書かせていただくと、

ほとんどの組織では、仕組みが連動していない場合が多いのです

　そもそも、仕組みを導入する組織側はそのような考えは皆無で、外部から指導をあおぐ場合でも、その指導者自身が連動させることすら意識にないのです。
　中身のない指導者に限って、「マニュアル化」や「手順の文書化」などばかり叫ぶのですが、この「連動」という概念が抜け落ちており、マニュアル化や文書化して安心しているのです。
　また、監査についても本来、連動させ、常に

その根拠は？　そしてどうした？

を確認すべきなのですが、単に確認項目をチェックしているだけのです。
　本来、連動を確認できないのであれば「監査」とは呼べず、単に「チェック」とすべきでしょう。
　マネジメントシステムを理解していない方は（マネジメントシステムを専門としている方でも理解していない方が多々いますが）、このような考え方ができずに、お行儀よく、一つひとつのチェック項目を確認していくという、役に立たないチェックを繰り返しているのです。
　以上のような概念を初めて耳にする方も多いと思いますが、その場合、少々ショッキングで難しく感じるかもしれませんが、常に「連動」

を意識して仕組みづくりするだけでも大きな違いが出ますので、本書を読まれた1つの収穫として「仕組みの連動」を意識してほしいと思います。

もう1つ、お節介を！

すべての取組みにこの「連動」が必要であり、日常の組織活動においても同様なのです

(3)「運輸安全マネジメント」とは？

「運輸安全マネジメント」については、**序章⑥**で説明しましたが、再度、触れておきます。

「運輸安全マネジメント」とは、国交省が運輸事業者の交通事故削減の取組みとしてISO9001を参考に策定した仕組みです。

ここでは、国交省大臣官房運輸安全監理官策定の「運輸事業者における安全管理の進め方に関するガイドライン」(以下、「ガイドライン」)について説明します。

この「ガイドライン」の「5．運輸事業者に期待される安全管理の取組」は、次の14項目から構成されています。

⑴ 経営トップの責務
⑵ 安全方針
⑶ 安全重点施策
⑷ 安全統括管理者の責務
⑸ 要員の責任・権限
⑹ 情報伝達及びコミュニケーションの確保
⑺ 事故、ヒヤリ・ハット情報等の収集・活用
⑻ 重大な事故等への対応
⑼ 関係法令等の遵守の確保
⑽ 安全管理体制の構築・改善に必要な教育・訓練等

⑾ 内部監査
⑿ マネジメントレビューと継続的改善
⒀ 文書の作成及び管理
⒁ 記録の作成及び維持

　詳細は、国交省サイトもしくは拙著『運輸安全マネジメント構築・運営マニュアル』（日本法令）をご覧ください。
　運輸安全マネジメントは、交通事故削減の取組みを連動させるための内容となっていますが、ガイドラインでは具体的実施事項は規定しておらず、このガイドラインを受けて、自組織でどのような取組みをするのかを決めていかなくてはなりません。そして、取組みの連動も自社で仕組みとして構築しなくてはなりません。
　例えば、「ガイドライン」の「⑹情報伝達及びコミュニケーションの確保」では、「２）事業者は、関係法令等に従い、事業者において輸送の安全を確保するために講じた措置、講じようとする措置等の輸送の安全にかかわる情報を外部に対して公表する」と規定されていますが、外部に対して公表する具体的手法は自社で決定しなくてはなりません。例えば、

・自社サイトで公表する
・営業所出入り口の見やすい場所に掲示する
・物流専門紙に掲載する

などが考えられます。
　ようするに「ガイドライン」では、「なにをするのか？」の規定はあっても「具体的にどのようにするのか？」は自組織で決定する必要があるのです。この、自組織で決定する際に仕組みの「連動」を意識しなくてはならないのです。

(4)「ISO39001：道路交通安全マネジメントシステム」とは？

　ISO39001については、**序章③**・**⑥**で説明しましたが、再度説明します。

　ISO39001とは、交通事故削減の世界一の先進国であるスウェーデンの提案によりISO化された、重傷事故・死亡事故を防ぐためのマネジメントシステムです。「重傷事故・死亡事故を防ぐため」と聞くと、「なんだ、交通事故全般ではないのか」と残念がる運輸事業者の社長もおられますが、多くの場合、重篤な交通事故を削減できれば、比例して軽微な交通事故も削減できます。ただ、一部相反することもあり、重篤事故を削減できた代わりに、軽微な交通事故が増える事例もあります。

　ISO39001やスウェーデンの交通事故削減の国策である「ヴィジョンゼロ」では、重篤な事故さえ削減できれば、軽微な事故は発生しても致し方ないという考え方があります。

　事例としては、ラウンドアバウト（ロータリー）の設置があります。

　この考え方はここ数年、わが国においても採用されており、信号を撤去し、代わりにラウンドアバウトが設置されています。

　ラウンドアバウトは、回っている自動車が優先です。

　信号設置の状態では、信号無視などによる死亡事故などの重篤事故が発生していましたが、ラウンドアバウトの設置により、接触事故は増えましたが、その代わり重篤な事故はなくなりました。

　このような一部の例外はありますが、通常は重篤な交通事故が削減できれば軽微な交通事故も削減できるのです。

　また、ISO39001の優れている点は、**序章③**で説明したとおり、「RTSパフォーマンスファクター」の存在です。

　この「RTSパフォーマンスファクター」を活用することにより、効率的に交通事故の削減及び防止が実現できる仕組みになっています。

　ただ、残念なことは、この「RTSパフォーマンスファクター」について理解している方が非常に少ないということです。

◆ ラウンドアバウト

(5) 自組織に合った仕組みで交通事故を防止・削減しよう

交通事故防止・削減の仕組みとして、
・運輸安全マネジメント
・ISO39001：道路交通安全マネジメントシステム
の2つを紹介しましたが、これらをそのまま活用してもよいのですが、これらの仕組みの、いわゆる

よいところ取りした

自組織のための交通事故防止・削減の仕組みが策定できるとよいでしょう。
　私も中部トラック研修センター（一般社団法人愛知県トラック協会）主催の「物流安全管理士講座」や「物流大学校講座」で、「ISO39001」、「運輸安全マネジメント」の講座を担当しておりますが、その際も、

「そのまま、ISO39001や運輸安全マネジメントを活用してもよいのですが、自社が既に取り組んでいる仕組みをベースに
『○○マネジメントシステム』を策定してください」
（注：○○には、その会社名を入れる）

と、説明しています。
　無理に「運輸安全マネジメント」のガイドラインや「ISO39001」の

要求事項に合わせるのではなく、自社に合ったもしくは自社が取り組みやすい内容で交通事故防止・削減に取り組んでいくことが重要なのです（ISO39001の認証取得を目指して取り組むのであれば話は別ですが）。

では、実際に交通事故を半減させたA社の場合はどのようにしたのかと言いますと、マネジメントシステムとして無理のない仕組みを構築しました。

具体的には、

①「マニュアル」の作成
②「やるべきことカレンダー」の作成
③17種類の帳票の使用

を活用していきました。

では、詳細に説明していきましょう。

ただ、その前に1つ確認事項です。

交通事故の大きな原因である長時間労働を是正するための取組みについて**本章②** (11) で説明しましたが、そのなかで、次のように説明しました。

> 本書では、時短のための具体的なアイデアを学ぶのではなく、
> **運輸事業者において時短を進めるためのフレームワーク**
> を学んでください。
>
> この「時短を進めるためのフレームワーク」を理解し、後ほど説明するとおりに、社長・経営層が本気で取り組めば、運輸事業者の時短が実現できる可能性は非常に高いと言えるでしょう。

実は、長時間労働是正のための取組みだけではなく、交通事故防止・削減の取組みも同様なのです。

以下、交通事故防止・削減のための活動のフレームワークを説明していきますので、そのフレームワークを理解したうえで自組織に適し

第2章 交通事故半減のための具体的な取組み

た取組みを行ってください。

(6)「①『マニュアル』の作成」について
　では、どのようなマニュアルを作成したのでしょうか。
　内容としては、次のとおりです。
　・輸送安全方針
　・時短方針
　・輸送安全目標及び輸送安全計画
　・輸送の安全に必要なヒト、モノ、情報など
　・安全統括管理者の責務
　・経営陣、そのほか担当者の責務
　・輸送の安全に関する情報の伝達
　・法令・規則などの遵守
　・協力会社の管理
　・教育・訓練
　・事故発生時の対応
　・事故予防対策
　・運行管理業務
　・日常の運用管理事項
　・監視、測定、分析及び評価
　・内部監査の実施
　・マネジメントレビュー
　・安全情報の公表
　・使用する帳票・記録
　一つひとつ説明していきます。

●輸送安全方針
　「必ず交通事故を削減させる！」との想いを表現した方針を社長名

で策定します。そして、その内容を社内に丁寧に説明し、従業員に理解させる必要があります。また、この「輸送安全方針」は、「運輸安全マネジメント制度」における、すべての運輸事業者の義務事項であり、公表の義務もありますので、そのことをよく認識したうえで策定してください。

●時短方針
「時短方針」については、**本章②（3）社長による不退転の決意表明及び「方針」の策定・発表**で説明しましたのでここでは省略します。

●輸送安全目標及び輸送安全計画
　1年間の交通事故削減の目標（輸送安全目標）と、その目標達成のための実施計画（輸送安全計画）を立案します。通常、目標は1つで結構ですが、その目標を達成するための実施計画は数多くの計画が存在するはずです。また、目標は必ず達成度が判定可能な目標にしてください。そして、可能であればドライバー個人の個人目標についても策定し、人事評価制度と連動させます。

●輸送の安全に必要なヒト、モノ、情報など
　輸送の安全のために必要な
　・ヒト（ドライバー、運行管理者、教育担当者など）
　・モノ（車両、デジタルタコグラフ、ドライブレコーダー、バックアイカメラなど）
　・情報（国交省、トラック協会などからの情報）
をどのように管理するのかを明確にします。

●安全統括管理者の責務
　安全統括管理者とは交通事故防止・削減の取組みを行ううえでの責

任者です。その責任者としての役割や、やるべきことを明確にします。

●経営陣、そのほか担当者の責務

社長、経営層、運行管理者、整備管理者、安全責任者及び内部監査員などの交通事故防止・削減を実現するための役割を明確にします。

●輸送の安全に関する情報の伝達

輸送の安全に関する情報とは、交通事故防止・削減のために活用できる情報を指します。具体的には
・事故情報（他社、自社）
・交通情報
・ヒヤリ・ハット情報
・作業方法の情報
・構内情報
・そのほか

であり、情報の流れを次の4つに分類しました。
・会社→現場
・現場→会社
・会社↔現場
・荷主↔会社

以上の情報の伝達についても人事評価制度との連動が必要でしょう。

また、情報の伝達は時短につながる情報もありますので、時短実現のために積極的に活用します。

●法令・規則などの遵守

運輸事業者（会社）として守るべき法令や規則の詳細を一覧表にして、時期を特定したうえで遵守評価を行います。ちなみに遵守すべき法令としては労務関係の法令（労働基準法など）も必ず含める必要が

あります。

また、ドライバーが法令・規則を守っていることが確認できる仕組みを規定し、不遵守の場合の手順も決めます。

不遵守により失うこと、遵守により得られることについては、人事評価制度との連動が必要です。

●協力会社の管理

協力会社に対して過度な要求を行わない旨の規定をしたうえで、協力会社が適切な業務処理を行うための管理方法を規定します。この協力会社の管理についても人事評価制度と連動させることができます。

●教育・訓練

輸送の安全にかかわる人たちに対して（経営層、管理者層、安全統括管理者、運行管理者、ドライバーなど）に、教育訓練のニーズを明確にしたうえで、計画し、実施し、効果の検証及びその検証を受けて次の計画に反映させます。

この教育・訓練は「法定11項目指導・監督」、「事故惹起運転者指導」、「初任運転者指導」、「高齢運転者指導」などを含める必要があります。

また、「運転者台帳」の整備との連動も必要でしょう。

この教育・訓練についても人事評価制度と連動させることが必要です。

●事故発生時の対応

事故が発生した場合の処理手順をあらかじめ確定しておき、事故発生時にその手順に沿って処理します。

ここで"事故発生時の対応"や"事故処理"の本来の意味を考える必要があります。単に事故相手方への対応（謝罪、過失割合決定、車両・設備の修理など）のいわゆる不適合の処置だけではなく、「なぜその事故が発生してしまったのか？」の原因追究を行い、その原因を取り

除いたうえで、後日、検証する必要があります。通常は、ここまでの仕組みがない場合が多いので、事故が再発するのです。

また、事故発生と人事評価制度との連動も必要ですが、事故発生ドライバーに対して二重懲戒にならない配慮が必要でしょう。

●事故予防対策

どのように事故を予防するのか具体的な活動を決めます。

もちろん「ヒヤリ・ハット情報」の収集も大切ですが、この情報を収集して一番やってはいけないことは、収集しっぱなしにすることです。収集しっぱなしにするくらいであれば最初から収集しないことです。強く認識していただきたいことは、収集する側にもその情報の活用を検討する責任があるということです。

ようは、「ヒヤリ・ハット情報」に限らず、収集した情報をどのように活用するのかの手順を確定して、その手順に沿って運用することです。当然、人事評価制度との連動が必要となります。

●運行管理業務

ただ漠然とルーティン業務として配車を行うのではなく、

・交通事故の予防

・長時間労働の是正

・拘束時間の短縮

を念頭に運行管理業務を実施します。

また、ドライバー都合による運行（渋滞を避ける目的で3時間早く出発など）の検証、高速道路使用の可否決定が必要となります。

余談ですが、組織としては、運行管理者を経営層に次ぐくらいの位置づけにすべきだと私は考えています。それほど運行管理者は重大な責任を担っており、事故削減、時短実現の鍵を握っています。

運行管理者を大切にしていない運輸事業者は重大事故の発生や事故

件数が減らない業者であるとの考えは行きすぎでしょうか。
　あくまで私見ですが、

> **人間的に信頼のできる要員を運行管理者として選任し権限を持たせることにより交通事故と長時間労働・拘束時間は削減できる**

のです。
　さらに、このように運行管理者に権限を持たせ、重要業務を担ってもらうのですからそれ相応の待遇が必要であることは言うまでもありません。
　以上、運行管理者の業務と時短は密接に連動しており、人事評価制度との連動も必要でしょう。

●**日常の運用管理事項**
　"日常の運用管理"と聞いて、マネジメントシステムにかかわった方以外は、ピンとこないのかもしれませんが、非常に簡単なことで、ようするに日常のルールづくりです。具体的には次のルールを決めます。
　・「運転記録証明」の定期取得
　・車両運行のルール（速度、荷崩れ防止、ブレーキなど）
　・シートベルトやドライブレコーダーの安全機器について
　・天候による運行のルール
　・ドライバーの健康状態やアルコールについて
　・運転業務に急激に支障をきたす疾患がないことの誓約
　・ドライバーに提出させる「誓約書」について
　・そのほか
この日常の運用管理事項についても人事評価制度との連動が必要です。

第2章　交通事故半減のための具体的な取組み

●監視、測定、分析及び評価
　監視すべきこと、測定すること、分析することを決定し、ドライバーの運転に関する評価につなげる手順を決めます。
　このことからえられた交通事故防止・削減に関する評価結果は当然、人事評価制度との連動が必要でしょう。

●内部監査の実施
　内部監査とは、自分たちで自分たちが実施している取組みを審査することです。
　監査についての問題点を**本章③（2）成果の出る取り組みとは？**で説明しました。そのなかで、「監査についても本来、連動させ、常に、その根拠は？　そしてどうした？　を確認すべきなのですが、単に確認項目をチェックしているだけなのです」と、現状の監査の問題点も指摘しました。
　あなたの組織ではこのように役に立たない"監査"ではなく、"チェック"に終始しないために、内部監査のPDCAを回したうえで、常に監査のなかでとらえた現象について、

その根拠は？　そしてどうした？

を確認するようにしてください。
　例えば、運輸安全マネジメントの教育訓練の記録を確認した場合、
　・その教育訓練の講師の力量はあるのか？　……その根拠は？
　・教育訓練が次に活かされたのか？　……そしてどうした？
を確認すべきであり、単に教育訓練記録を確認して「ちゃんと、運輸安全マネジメントの教育を実施していますね」と発言するだけでは意味がないのです。
　前述の例で、運輸安全マネジメント研修を受講したとしても、その研修を担当した講師が運輸安全マネジメントについて力量がなければ

その研修自体無駄ですし、力量ある講師のもとに実施された運輸安全マネジメント研修であっても、次に活かされていないのであれば、活かす方法を検討しなくてはなりません。

内部監査の仕組みとしては、
・内部監査員の認定（育成）
・内部監査員の選定（チーム編成）
・内部監査の計画立案
・内部監査の実施方法（指摘事項の分類など）
・是正について
・内部監査結果の活用

などを決めます。

内部監査員の力量や内部監査結果についても当然、人事評価制度との連動が必要です。

余談ですが、世界一のISO認定機関であるUKAS（英国認証機関認定審議会）がある英国では、ISOについて、「世界各地の植民地を管理するための仕組みである」との冗談とも本気であるとも理解しにくい説がありますが、このように交通事故防止・削減の仕組みの運用も本社主導で各営業所を管理する非常に有益なツールと言えましょう。そして、この内部監査についても、本社から監査チームが各営業所に定期的に出向き監査することにより本社と同様の安全管理体制が保てると思われます。

● マネジメントレビュー

マネジメントレビューとは、交通事故防止・削減の仕組みを一通り運用してみて、その運用結果をもとに経営層が確認し、指示を出すことです。図に示すと次のようになります。

第2章 交通事故半減のための具体的な取組み

◆ **マネジメントレビューのプロセス**

インプット：
交通事故防止・削減への
取組み内容、結果

→ マネジメントレビュープロセス →

アウトプット：
経営層からの指示

〈具体的なインプット項目として〉
- 目標の達成状況
- 実施計画の実施状況
- ヒヤリ・ハット対策などの実施状況
- 行政官庁や顧客からの要求など
- 事故や災害の発生状況
- そのほか、業務ややるべきことの実施状況

〈具体的なアウトプット項目として〉
- 交通事故防止・削減の仕組みの改善事項
- 安全機器や車両の必要性
- 人材の必要性
- 方針、目標及び実施計画の改定の必要性
- そのほか

●**安全情報の公表**

安全情報の公表について具体的な
- 公表内容
- 公表方法

を決定します。
これは、運輸安全マネジメントにおける義務事項ですから必ず実施

してください。

　なかには、公表したくない内容が含まれる場合もありますが、その公表したくない内容（目標の未達や事故の発生）についても、原因を追究のうえ、「このような対策を施します」と一緒に公表することにより、公表内容を閲覧した側の印象はかなり和らぎます。

　ただし、毎年、同じことの繰り返しでは「仏の顔も三度まで」です。

● **使用する帳票・記録**

　交通事故防止・削減のための活動の証拠として残しておくべき記録を確定します。

(7)「② 『やるべきことカレンダー』の作成」について

　自組織で策定した仕組みを上手く運用するコツとして、

運用「マニュアル」の作成 があります。

　この「マニュアル」を作成することが運用するうえでの最低条件となるのですが、残念なことになかなかこの「マニュアル」が読まれないのです。

　一般的には、「マニュアル」にしても「就業規則」にしても、なにか調べたいことがあるときに内容を確認するという使い方がほとんどのようです。「就業規則」については、従業員にとって日常問題なく業務遂行しているのですから、このような使い方で問題ないのかもしれませんが、果たして「マニュアル」はこの使い方でよいのでしょうか？

　「マニュアル」の内容のほとんどが頭のなかに入っているのであれば問題ありませんが、そのような従業員はまれであり、自分のやり方や思い込みで業務処理している場合がほとんどではないでしょうか。

　この対策として、読みやすい「マニュアル」の作成が必要なのですが、私が20年近くマネジメントシステムの「マニュアル」の作成をお

第2章　交通事故半減のための具体的な取組み

手伝いしてきた経験から言うと、"読みやすい「マニュアル」"の作成は難しいようです。その根拠として
・"読みやすさ"は人によって基準が違う
・"読みにくさ"も人によって基準が違う
・「マニュアル」は、場合により外部に出す場合もあるのであまり低レベルの内容や、ノウハウが詰め込まれたものでは問題があります。
そこで思いついた手法が

「やるべきことカレンダー」の作成 です。

「やるべきことカレンダー」は、仕組みのスムーズな運用を目的に作成するものであり、内容は次のとおりです。
・毎日実施すること
・毎週実施すること
・毎月実施すること
・○○のときに実施すること（例：ドライバー採用時、事故発生時など）

そして、やるべきことごとに作成済みの「マニュアル」の項目と頁番号を記載しておきます。ですから、「やるべきことカレンダー」でやるべきことを確認し、実施手順がわからない場合は、「マニュアル」の該当頁の確認が容易なのです。

また、可能であれば、「やるべきことカレンダー」には、誰がやるのかも記載しておくとよいでしょう。

そして、このことを発展させていくと

「個人別やるべきことカレンダー」

が、作成できるのです。

少々、交通事故防止・削減の話から外れるかもしれませんが、この考え方は**非常に重要**です。

別に「個人別やるべきことカレンダー」という名称でなくても、各従業員がやらなくてはならないことを文書化しておくことにより、実施の合理化、無駄の排除が実現できるのです。そして、この「個人別やるべきことカレンダー」は、組織内でオープンにしておくので、本人以外も誰がなにをするのか明確に理解できるのです。

可能であれば、電子掲示板やサーバーを活用することにより、リンクやリレーショナルな管理もできます。

まずは、組織としての「やるべきことカレンダー」を作成し、従業員ごとのやるべきことに展開していくとよいでしょう。

(8) 「③17種類の帳票の使用」について

1．「運輸安全マネジメント計画」

この帳票は、交通事故防止・削減のための取組み全体をわかりやすく説明した帳票です。組織によっては、使用しない場合もありますが、仕組み全体を鳥瞰(ちょうかん)するためにはよい帳票でしょう。

2．「輸送安全目標／輸送安全計画　報告書」

この帳票は、「方針」、「目標」、「実施計画」を記載する帳票であり、運用にも使用しますので、目標達成度や実施計画実施の有無も記載できるようになっています。また、実施計画は、いつ、誰が、なにをどのようにしていくのかを記載します。

3．「ヒヤリ・ハット報告書」

ドライバーがヒヤリ・ハットした体験を報告するための帳票です。

ただ、ドライバーからの提出状況が芳しくない場合は、なんらかの工夫が必要でしょう。

私がよく指導先で活用する手法としては、自身のヒヤリ情報ではなく、**ほかのドライバーの行動で腹が立ったこと**を報告してもらう

ようにしたところ、提出がスムーズになりその後、自身のヒヤリ体験の提出につながった事例がいくつもあります。その場合は、「ヒヤリ・ハット報告書」という帳票名ではなく、「他ドライバー素行不良報告書」などと帳票名を変更するとよいでしょう。

4．「事故報告書」
　　事故発生の顛末(てんまつ)を記載する帳票です。

5．「事故統計記録書」
　　運輸安全マネジメントの義務事項に対応する帳票です。

6．「処分内容公開書」
　　これも「事故統計記録書」同様、運輸安全マネジメントの義務事項に関する帳票です。

7．「緊急連絡体制表」
　　「マニュアル」において、自組織の緊急事態を定義して、その定義した緊急事態発生時の対応が明記された帳票です。

8．「教育訓練計画表」
　　教育のニーズを反映した教育訓練計画を記載するための帳票です。

9．「教育訓練記録」
　　教育訓練計画に基づき実施された教育訓練の顛末(てんまつ)を記録する帳票であり、教育の目的や有効性の評価なども記載されます。

10．「個人別資格一覧表」
　　従業員やドライバーがどのような資格を保有しているのかを明確

にする一覧表です。資格は公的資格や社外資格だけではなく社内認定資格も記載します。また、この帳票を徹底活用するためには、保有している資格だけではなく、保有している力量についても記載するとよいでしょう。

11.「是正処置報告書」

　事故などの問題発生後にその原因を追究して再発防止活動を記載する帳票です。とかく日本人は「謝っておしまい」という感覚が強く、その問題の真の原因を追究して、取り除き、その結果がどうなったのかの有効性の評価を行う、一連の是正処置活動が弱いのですが、帳票を活用することにより実施を確実にします。

　原因を取り除いておかないと問題が再発する可能性が非常に大きくなります。

12.「会議録」

　会議やミーティングの内容を記録する帳票です。

13.「改善提案書」

　改善すべきことを記載して提案する帳票です。

14.「法令等遵守一覧表」

　非常に重要な帳票と言えます。

　自組織が遵守すべき必要のある法令や顧客要求などを洗い出し、一覧表にまとめ、遵守評価の実施時期を決めたうえで遵守評価結果を記載するものです。

15.「内部監査記録」

　内部監査の計画、実施内容及び実施後の対応を記録する帳票です。

16.「内部監査チェックシート」

内部監査を実施するうえでのチェック項目を記載した帳票です。

ただ、このチェックシートはあくまで、目安程度の活用にとどめていただき、実際は、「マニュアル」、「やるべきことカレンダー」をもとに事象を確認し、その事象の「根拠：さかのぼる」と「展開：それでどうした」を確認することが必要です。

間違っても、チェック項目にチェックを入れることを目的とした○×やYes・Noの確認に終始しないことです。

17.「マネジメントレビュー記録」

仕組みとしての最終的な取組みであるマネジメントレビューの顛末を記録する帳票です。この「マネジメントレビュー記録」に記載したアウトプット内容は、次回のマネジメントレビューで、どのような結果になったのかの追跡が行われます。

(9)「できる」と「できた」の違い

「終わりよければすべてよし」ということわざがありますが、本当にそうなのでしょうか？

これを交通事故防止・削減に当てはめると、

交通事故さえ起らなければすべてよし

ということでしょうか。

このことを意地悪に解釈すると
・ドライバーが酒気帯び運転で出発しても無事故で戻ればよい
・過積載でもバレずに無事故ならよい
・一般道を100キロで疾走しても早く荷物が届けられればよい
などでしょうか。

言ってみれば、これらのことは「博打」や「ギャンブル」です。前

述の３つの例ほどひどくなくても「博打」や「ギャンブル」的な運輸事業経営をしている業者さんにお目にかかることがあります。

　簡単に言うと **バレなければ、よい** という考えの経営です。

話を戻しまして、「できる」と「できた」の違いを説明しましょう。
・できる：適切な計画のもとに実現する
・できた：たまたま実現できた
本書をお読みのあなたは、絶対に

「できる」を目指してください。

また、「できる」と「できた」のもう１つの大きな違いは、

「できる」は再現性がある のです。

あなたがもし社長である場合、次の東山さんと西川さんのどちらを営業担当者として高評価を与えますか？

	今期の営業実績
東山さん	１億２千万円
西川さん	１億５千万円

通常であれば、東山さんよりも３千万円も多く売った西川さんが高評価ですよね。では、次の場合は？

パターン１

	今期の営業目標	今期の営業実績
東山さん	１億２千万円	１億２千万円
西川さん	１億６千万円	１億５千万円

えっ？　やはりたくさん売った西川さんが高評価ですか？　でも、西川さんは目標が未達ですよ。それでも、東山さんよりも３千万円多

く売った西川さんの方が高評価ですか。まさに「成果重視」ですね。
では、次の場合は？

パターン2

	今期の営業目標	今期の営業実績
東山さん	1億2千万円	1億2千万円
西川さん	1億2千万円	1億5千万円

　こうなるともちろん西川さんでしょうか。目標を大きくクリアしていますからね。確かに**パターン1**の場合、西川さんは目標が未達でしたが、**パターン2**では目標を達成したうえで東山さんよりも3千万円も多く売っているのですからね。
　でも、こうは考えられませんか？

東山さんは有言実行である と。

　東山さんは1億2千万円の売上目標に対して、同額の実績でした。まさに有言実行です。では、西川さんの場合。少々意地悪な考え方をすると、西川さんは営業目標の立案方法に難があったのではないでしょうか。ようするに、自分でもよくわかっていなかったのではないでしょうか。
　そして、結果的に目標を大きくクリアしたのですが（**パターン2**の場合）、そんなに都合のよいことが毎年起こるのでしょうか？

では、次のパターン３の場合は？

パターン３

	東山さん		西川さん	
	目標	実績	目標	実績
2011年度	１億円	１億５百万円	１億円	1億２千５百万円
2012年度	1億１千万円	1億１千万円	1億１千万円	1億５千５百万円
2013年度	1億１千万円	1億１千万円	1億２千万円	６千万円
2014年度	1億１千５百万円	1億２千万円	1億１千５百万円	１億円
2015年度	1億２千万円	1億２千万円	1億２千万円	1億５千万円
合　計		5億6千5百万円		5億9千万円

　ここ５年間の売上実績は西川さんが東山さんを２千５百万円上回っていますので、そのことだけ考えると西川さんの方が高評価なのかもしれません。

　ただ、東山さんは毎年目標を達成しており、西川さんは目標の未達が２回もあります。しかも、2013年度は達成率50％でした。

　ようするに西川さんは

アテにできない のです。

　なぜ、西川さんはアテにできないのか？

　５回のうち２回、目標が未達であることはもちろん、目標が達成した年度であっても、目標と実績に大きなかい離があるからです。

　営業担当者が多数いて、ほとんどが目標と実績に差がないなかで、たまたま西川さんだけが目標と実績にかい離があるのでしたらよいのですが、営業担当者が２人だけの場合、このような数字のかい離は非常に大きな問題となります。

　東山さんは、目標立案時に目標達成のための施策が既に存在しており、それを実施していくだけなのでしょう。もちろん、計画どおり進まないさまざまなことが起こりえますが、計画が適切であれば、その

修正も比較的容易にできるのです。
　ですから、西川さんより東山さんの方が能力的に優秀であり、会社としてはアテにできる存在なのです。
　このような事例を出すと、

> 「東山さんは売上を出し惜しみしており、あえて低い目標を設定し達成しているのではないか？」

と言う方がいますが、仮に低い目標であってもその低い目標を承認したのは上司であり会社ですから、東山さんに非があるわけではないのです。
　もう一度、「できる」と「できた」の違いを説明しましょう。
　・できる：適切な計画のもとに実現する
　・できた：たまたま実現できた
　皆さんは、「できる」と「有言実行」を目指してください。
　交通事故防止・削減のための活動についても、

たまたま交通事故が削減できた（起きなかった）

ではなく交通事故防止・削減のために計画された活動を実施することにより交通事故が削減できた（起きなかった）という、成果が必要なのです。
　このことを続けていくことにより、交通事故防止・削減の再現ができ、うまくいかなかった場合でもほかの対策が打て、自組織の交通事故防止・削減のためのノウハウが蓄積していくのです。
　また、問題にも必ず原因が存在するように、成功にも必ず要因が存在しています。
　以上のようにとにかく活動することです。
　活動さえしていれば、多少、活動内容に問題があっても、必ず次の対策を思いつくことができます。

（10）一番悪いのはなにもしないこと

　非常に残念な話ですが、交通事故防止・削減のための活動や取組みをなにもしていない運輸事業者も存在していると思います。

　なにもしていないということは「ゼロ：0」の状態ですから、いつまでたっても「ゼロ：0」なのです（正確にはマイナスかも？）。

　そのような「消えるべき運輸事業者の社長」に限って、

　・儲けたい

　・〇〇に乗りたい（〇〇は自動車の名前）

　・■■がほしい（■■はモノ）

などの金銭欲・物欲が高いものです。

　もし、「消えるべき運輸事業者の社長」であっても前述の欲求があるのでしたら、まず、「安全対策」を強化してください。

　運輸事業者が「安全」に取り組まないことは重大な過失もしくは故意なのです。百歩譲ってなんらかの信念があり、「△△には取り組まない」という想いがあるのであれば仕方ありませんが、運輸事業者と「安全」は、縁が切れないものと思っております。

　安全対策が甘い、もしくはなにもしていない運輸事業者であっても、まだ遅くはありません。いまスグに取り組んでください。

　いままでは、たまたま運営できていただけなのですから。

（11）「場当たり的な取組み」ではなく「仕組み」を構築しよう

　これも再三申し上げていますが、場当たり的な取組み・対症療法ではなく、あらかじめ計画された「交通事故防止・削減の仕組み」を構築して運用してください。

　・喫煙が原因で事故が発生したので車内禁煙

　・後退時に接触事故が起きたのでバックアイカメラ装着

　・睡眠不足による未遂事故が発生したのでSAS検診実施

　・簡易アルコールチェッカー使用による酒気帯び運転見逃し発覚に

よる、高精度アルコールチェッカーの設置
・交通事故の過失割合でもめたからドライブレコーダの装着　など。
　これらの対策は無駄とは言いませんが、あらかじめ想定できなかったのでしょうか？　また、場当たり的な対策ではないのでしょうか？　真の原因を追究していますか？
　もう、そろそろ起きてしまってから右往左往することをやめませんか？
　本節（1）「起きてからの対策」より「起きる前の対策」が100倍重要！で説明したとおり、

起きる前の対策＝あらかじめの対策

に、切り替えませんか？
　本書をお読みになったことを機会に、ぜひすぐにでもあらかじめの対策（仕組みで防ぐ）に取り組んでください。
　以上のように考えると、あらかじめリスクを洗い出し、RTSパフォーマンスファクターをもとにマネジメントシステムとして取り組んでいくISO39001は、非常によい仕組みであると思います。

(12) 毎年の「物流安全管理士講座」の安全対策発表会の内容

　私が中部トラック研修センター主催の「物流安全管理士講座」や「物流大学校講座」で、「ISO39001」、「運輸安全マネジメント」の講座を担当していることは説明しましたが、「物流安全管理士講座」では興味深い科目を担当しています。その内容とは、
　①「安全管理計画書」の作成指導
　②作成した「安全管理計画書」の発表
であり、その前日程に「運輸安全マネジメント」について１日講義した後、日を改めて、交通事故防止・削減のための目標と目標達成のための実施計画を「安全管理計画書」に落とし込む説明を行います（①

の内容）。

そして、次が興味深いのですが、その作成した「安全管理計画書」を受講者自らが発表するのです。

受講者全員が発表を行い、その発表に対して質疑応答が行われるので1日がかりの講座ですが（②の内容）、私は受講者の方にいつも

「絶対に出席してください！」

と、強くお願いしております。

この「安全計画書」の発表の後に「物流安全管理士」の修了式が行われ、所定の要件を満たした受講者には、「物流安全管理士認定証」が授与されるので、欠席者は少ないのですが、同講座の"所定の要件"を満たしていない受講者でも、「安全管理計画書」の発表は強く出席を求めています。

なぜ、このように強く出席をお願いするのか！

このように強くおすすめする理由は、

他社の事故削減のための具体的な取組みが聞ける

からです。

これはとても貴重な体験です。

事故削減の取組みと言っても、当たり前のこともありますが、なかには非常に興味深い取組みもあり、さらに、もう一ひねりすることにより有益な対策となる取組みも存在しています。

しかも、忙しいなか、なんとか仕事の段取りをつけて参加されている方や、自分の休日をあてて参加されている方が所属する前向きな運輸事業者の事故削減対策だからこそ、非常に興味深いのです。間違っても、不良運輸事業者が行政から言われて仕方なく実施している実態の乏しい事故対策ではありません。

第2章 交通事故半減のための具体的な取組み

◆ 第20期物流安全管理士講座（約4か月）　内容

- 運輸安全マネジメント構築と運営
- 貨物自動車運送事業に関する労働基準法（労働基準法基礎知識編）
- 貨物自動車運送事業法の解説
- 貨物自動車運送事業に必要な関係法令
- 労働基準法等関係法令
  （トラック運転者の労務管理の重要問題：労働基準法応用編）
- 事故防止のための人材育成の事例
- 高速道路における安全対策
- 運行管理の重要性
- 道路交通法の解釈
  （事故事例から遵法運転による交通事故防止策を学ぶ）
- 運送業における交通事故防止対策
- 安全管理計画書の作成指導
- 事故防止のための健康管理
- 企業経営における物流戦略の基礎
- 運転適性診断結果の効果的な活用方法
- ３ＰＬ事業の推進と実務：スケジューリングから運営まで
- 物流リスクマネジメント：ＢＣＰ（事業計測計画）
  （自然災害等に備えた危機管理体制づくり）
- トラック運行原価計算の手法
- 陸上貨物運送事業における労働災害防止策
- 安全教育の事例発表
- 日常点検と整備の必要性（整備の指導ポイント）
- コミュニケーション能力向上のために必要な話し方の技法
  （部下や上司との基本的なコミュニケーション作り）
- 安全計画の作り方：演習・まとめ及び発表（全員参加の効果判定）

　このような他社の交通事故対策に触れられる同講座は非常に有益であると思います。また、各社の交通事故対策の発表後に質疑応答の時間がありますので、疑問点などを質問することによりさらに有益な情報となるでしょう。当然、発表会のコーディネーターである私も"突っ込んだ質問"をしますので、とてもおすすめです。

この講座は、地元愛知県だけではなく、四国や北陸から参加される方もいらっしゃいます。このような有意義な講座について紹介せずにはいられないので前頁の図表で内容に少し触れさせていただきました。

　また、上記「物流安全管理士」の上位講座として「物流大学校講座」（約１年間）も開催しています。

　ちなみに中部トラック研修センターは先日大改修が終了し、学ぶための環境である研修棟や走行コースも一新され、素晴らしい環境で学ぶことができます（宿泊棟もあります）。また、中部トラック研修センター以外にも同様のトラック研修センターがありますので、ぜひ、積極的に活用していただきたく思います。

第2章　交通事故半減のための具体的な取組み

 交通事故削減に有益な人事評価制度を活用しよう

(1) 交通事故削減につながる人事評価制度とは？

　交通事故削減につながる人事評価制度の本題に入る前に、**序章⑦**で説明したことを再掲します。

　人事評価制度を導入する場合、絶対やってはいけないことは次の2つです。

　①外部コンサルタントにすべてをお任せする
　②パッケージ化された人事評価制度を導入する

　そもそも、人事評価制度と交通事故削減両方の専門家は希少ですから、この場合、さすがに**①外部コンサルタントにすべてをお任せする**は考えがたいでしょう。もちろん、人事評価制度と交通事故削減の専門家に巡り合えたとしても、人事評価制度構築をその専門家（コンサルタント）に策定を丸投げすることは論外です。

　では、絶対にやってはいけない人事評価制度の構築方法として、**②パッケージ化された人事評価制度を導入する**について説明します。

　そもそも、人事評価制度自体、その組織特有の制度を構築すべきであることは当たり前ですが、そこに「交通事故防止・削減につながる制度」となると、さらにパッケージ化された制度では太刀打ちできません。

　人事評価制度策定の指導を行うコンサルタントは必ずしもその組織の業種・職種に精通している必要はありませんが、その業種・職種が遵守すべき法令・規制については理解している必要があり、本事例のように交通事故防止・削減につながる制度の構築では、当然、交通事故防止・削減につながる取組みについて熟知している必要があるでしょう。ようするに当該、交通事故防止・削減につながる人事評価制度を

構築するには、
- どのように荷物や人を輸送するのかのプロセスの理解はほどほどでもよい
- 運輸事業者として遵守すべき法令・規制を理解している必要あり
- 交通事故防止・削減につながる取組みを熟知している必要あり

ということになります。

この要件をコンサルタントに依頼する場合、当該コンサルタントにあてはめ、コンサルタントを利用しない場合は、当該プロジェクトを推進するプロジェクトリーダーにあてはめてください。

また、当然のことですが、労働基準法や改善基準告示などについての深い知識が必要であることから、これらの知識については社会保険労務士からのサポートを受けることを推奨します。せっかくよくできた人事評価制度であっても、労働関係法令上問題がある内容でしたら意味がありませんから。

では、**本節**の本題である、交通事故防止・削減につながる人事評価制度について説明していきましょう。

「交通事故削減につながる人事評価制度」のキーワードは、ここでも連動です。

本章③(6)で説明した、交通事故防止・削減のための「マニュアル」では、人事評価制度との連動についていくつか示唆しました。

その項目を以下、確認してみましょう。

①ドライバー個人目標
②輸送の安全に関する情報の伝達（事故情報、ヒヤリ・ハット情報、構内や作業方法の改善情報など）
③法令・規制などの遵守
④協力会社の管理
⑤教育・訓練
⑥事故発生時の対応

⑦事故予防対策
⑧運行管理業務
⑨日常の運用管理事項
⑩監視、測定、分析及び評価
⑪内部監査員の保有力量、内部監査の結果（受けた結果）

①ドライバー個人目標

　ドライバーに対して、個人目標の設定が必要なのか、不要なのか？私はたとえ小さくても、個人目標は設定すべきだと思います。

　ただ与えられたことだけを処理するだけの従業員では、寂しすぎると思うのです。この世のなか、与えたことだけでも処理してくれる従業員はもちろんありがたいのですが、それでは機械・設備とあまり変わらないのでは？　と思えてしまいます。

　人はそれぞれ個性があり、能力も違うと思うのです。ですから、10人のドライバーを同一に扱うのではなく、それぞれ別に扱う必要もあるのです。教育訓練についても同様のことが言え、

　・ドライバー歴20年、45歳、無事故無違反
　・ドライバー歴5年、63歳、過去に物損事故8件、人身事故2件
　この2人の教育訓練は同一内容でよいのでしょうか？

　この例のように十把一絡げに扱い、同一の教育訓練でよいはずがありません。また、このように区別なしに扱うことはドライバーに対しても失礼です。同様に「指示したことだけをこなしていればよい」という扱いではなく、どのような小さなことから始めてもよいので個人目標を立案して運用すべきです。

　個人目標を立案・運用しなくても、
　・組織としての目標にどのように貢献したのか
　・実施計画の実現にどのように貢献したのか
　この2つのことを人事評価制度とリンクさせなくてはなりません。

具体例としては、
・評価の「成果」で貢献度を図る
・評価の「発揮した能力」で貢献度を図る
の2点です。

ただ、実施計画（目標達成のために具体的にやるべきこと）の内容が「前向きさ」、「積極的な姿勢」に関連することであれば「業務姿勢」として評価することも間違いではありません。

②輸送の安全に関する情報の伝達（事故情報、ヒヤリ・ハット情報、構内や作業方法の改善情報など）

まず、交通事故防止・削減につながる情報の例をあげてみましょう。
・他社の事故情報
・ヒヤリ・ハット情報
・リスクが潜んでいる情報
・改善提案
・そのほか、事故防止の情報

これらの情報を積極的に提出や提案してもらえるドライバーに対しては、人事評価制度でそれなりの高評価を与えるべきです。

と、ここまでは一般の、人事制度コンサルタントの方などが提案する内容ですが、ここでは一歩進んだ考えをしてみましょう。その内容とは、

これらの情報をどのように活用するのかを考える

のです。

ここで少し事例として考えていただきたいのですが、デジタルタコグラフが1台も普及していない国で、デジタルタコグラフをある運輸事業者のトラック50両に取りつけたとします。

果たして、有効に使えますか？

デジタルタコグラフは使い方によっては、非常に役に立つ設備・機械であり省エネにも活用できます。しかし、使い方がわからなければただの機械ですよね。

まさに **宝の持ち腐れ** です。

この「宝」を本当に「宝」として活用するためにはどうするのか？
　えっ？「ドライバーから情報を出させたらその情報の活用方法は管理者や経営層が考えればよい」ですって？　確かにそうかもしれません。しかし、それでは前述の「ただ与えられたことだけを処理するだけの従業員」と大して変わらないですよね。
　それよりも、

> 「このようなヒヤリ・ハット情報を提出しますが、この情報を活用して●●ができませんか？」

とか、改善提案にしても、

> 「フォークリフト作業を○○にすることにより作業内容が■■となり、その結果、▽▽になります」

まで、提案できると、一味違うのではないでしょうか。
　人事評価制度との連動でも、単に他社の事故情報・ヒヤリ・ハット情報の提供や、改善提案だけでは、「業務姿勢」での評価で終わってしまうかもしれませんが、実際に●●ができたり、▽▽になれば、「成果」項目での評価が可能となるのです。

③法令・規制などの遵守
　交通事故の防止・削減には、運輸事業者として守らなければならない法令や規則などを一覧表にしたうえで遵守評価をすることが必要ですが、組織としてではなくドライバー個人としても守らなければなら

ないことを明確にしたうえで人事評価制度と連動させる必要があります。

　ドライバーとして守らなければならない法令として代表的なものでは、道路交通法がありますね。また、法令以外の規則については、就業規則の内容もありますし、そのほかにも社会人としてのマナー・ルールは非常に大切です。ドライバーは、組織名、荷主名もしくは元請け業者名の看板を掲げて運行しており、広く社会から監視されていることを強く認識すべきです。特に自家用車にもドライブレコーダーが普及した現在では、たばこのポイ捨て画像や信号無視画像など簡単にサイト上にアップされてしまうかもしれません。

　法令遵守に無頓着で道路交通法違反やマナー違反を繰り返しているドライバーと、法令遵守を肝に銘じ、無事故無違反のドライバーを同列に扱うこと自体が問題でしょう。

④協力会社の管理

　協力会社を管理する立場の従業員については、

　・どのように管理しているのか？

　・協力会社の成果（事故、クレームなど）はどうなのか？

　・二者監査の結果 ※

などを人事評価の対象にすべきでしょう。

　無責任な組織の場合、「それは、外注業者に依頼したことだからよくわかりません」と、平気で発言する担当者がいますがとんでもない

※**二者監査とは？**

　二者監査とは利害関係のある組織が実施する監査のこと。

　具体的には、・元請け業者が下請け業者を監査する

　　　　　　　・親会社が子会社を監査する

　　　　　　　・顧客企業や依頼先企業を監査する　　などが代表例。

　最近では、食品輸送運輸事業者を対象に、二者監査が非常に増えてきており、ときには私のような監査のプロを雇って監査させる荷主企業もある。

ことです。

　例えば、荷主であるＸ工業はＹ運送に輸送を依頼して、Ｙ運送はＺ運輸に下請けに出した場合、Ｘ工業担当者がＹ運送に「当社が輸送依頼した製品が先方さんに到着していないのですが、どうなっていますか？」と尋ねた場合、Ｙ運送担当者は「その製品でしたらＺ運輸に依頼しているので当社ではわかりません」では、絶対に通りません。

　ただ、残念なことにこのような発言を耳にすることがあります。Ｙ運送は下請けに出そうがどうしようが、Ｙ運送としてＸ工業から責任を持って輸送を引き受けたのですから、他社に責任をなすりつけてはいけません。

　以上のように協力会社の失態は自社にとっての失態であり、協力会社に寄せられる賞賛は自社に対する賞賛と同じなのです。このことからも人事評価制度との連動が必要であることが理解できると思います。

⑤教育・訓練

　教育・訓練に限定しないで、「人材の管理」に関することと人事評価制度は連動が必要です。なかでも重要なことが教育・訓練なのです。
　また、当項目は次の着眼点が必要です。
　　・教育・訓練を実施する側：適切な教育・訓練が計画できたのか？
　　　　　　　　　　　　　　　有意義な教育・訓練を実施できたのか？
　　・人材を管理する側の成果：適切な人材管理ができたのか？
　　・教育・訓練を受ける側：教育・訓練を受講して、当初の受講目的を達成できたのか？
　さらにもう１つの重大な着眼点としては、

教育・訓練のＰＤＣＡを回せたのか？

ということですね。

⑥事故発生時の対応

　事故は緊急事態です（事故が日常化している運輸事業者にとっては緊急事態ではありませんが、それ自体が異常なことです）。

　その"緊急事態"への対応についての処理能力を人事評価制度と連動させるべきです。ただ、あくまで"緊急事態"ですから、発生しない場合がほとんどであるため、評価しようがないこともあります。その場合でも、事故処理のシミュレーション結果や事故処理の理解度などを持っている能力として職能資格等級に活用することができます。

　また、事故発生時に適切な原因追究を行い、その原因を取り除く再発防止策（是正処置）が実施できたのか否かも評価すべきです。間違っても単なる事故処理である不適合の処置で終わらないように留意してください。

⑦事故予防対策

　事故予防対策については、**②輸送の安全に関する情報の伝達**と重複しますので説明を省きますが、1つつけ加えておきます。

　ヒヤリ・ハット情報を収集する側として、収集しておいて、なんら活用しない場合、ようするに収集しっぱなしにした場合は、なんらかのペナルティが必要かもしれません。それほど、大罪だということを認識してください。

⑧運行管理業務

　真に社長が腹をくくって不退転の決意を持てば交通事故削減は半分成功したようなものですが、同様に発言力のある運行管理者（社内でも一定の地位である）が腹をくくれば、交通事故削減の確率はさらに増加します。

　本来、運行管理者とはそれほど重要で責任のある職務なのです。

　このことからも権限が強く、交通事故削減の意識の高い運行管理者

第2章　交通事故半減のための具体的な取組み

が存在している運輸事業者ほど、交通事故削減は容易になるでしょう。

　「発言力のある運行管理者」と前述しましたが、運行管理者こそ発言力を持たなくてはなりません。単なる「配車係」とは違うのです。

　交通事故の多い運輸事業者の傾向として、ドライバーからの運行管理者に対する発言が横柄である場合があります。

　　・「なんで俺がこのルートなんだ」
　　・「もっと、仕事を入れろ」　　　　など。

　このような態度のドライバーや、腰の引けた運行管理者が存在しがたい組織風土の構築が必要です。

　このように運行管理者の力量、発言力及び振る舞いにより交通事故削減という成果に大きく影響があるのですから、人事評価制度との連動は必然的なものになるでしょう。

　ここでもう1つ。くどいようですが、運行管理者に権限や発言力を持たせることができるのは社長です。そこを再度認識してください。

⑨日常の運用管理事項

　日常の運用管理とは前述したとおり、日常のルールの運用です。
　具体的なルール例の一部を再掲します。

　　・車両運行のルール（速度、荷崩れ防止、ブレーキなど）
　　・シートベルトやドライブレコーダーの安全機器について
　　・天候による運行のルール
　　・ドライバーの健康状態やアルコールについて

　これらのルールというか、運行における当たり前の事項が適切に守られているのかについて人事評価制度との連動が必要でしょう。

　この日常の運用管理は"当たり前の事項"ですから、業務姿勢としての連動が現実的でしょう。

⑩**監視、測定、分析及び評価**
　・なにを監視するのか？
　・なにを測定するのか？
　・監視及び測定の結果、どのように分析するのか？
　・分析結果を交通事故防止・削減への取組みとしてどのように評価するのか？

を交通事故防止・削減の仕組みとして策定し、「マニュアル」に規定することになりますが、「マニュアル」に規定してある「評価」とは、交通事故防止・削減活動における評価ですから人事評価制度の評価ではありません。

　人事評価制度における評価とは、
　・監視状況をどのように人事評価制度と連動させるのか？
　　　例：シートベルト着用、連続運転時間、拘束時間など
　・測定結果をどのように人事評価制度と連動させるのか？
　　　例：運行速度、アルコールチェッカー数値など
　・分析結果をどのように人事評価制度と連動させるのか？
　　　例：交通事故・ヒヤリ発生と労働時間の因果関係など
　・交通事故防止・削減活動に対する評価結果をどのよう人事評価制度と連動させるのか？
　　　例：ドライバー追跡活動が交通事故削減に効果ありとの評価があった場合、人事評価制度とその活動をどのように連動させるのか？

　ここで注意すべきは、ドライバー本人の意思では、必ずしも監視、測定結果がよい結果とならない点です。例えば、監視項目である拘束時間はドライバーだけではどうにもできない場合がありますし、測定結果の運行速度についても、そもそもの運行管理計画に無理がある場合は運行速度の超過が発生するかもしれません。

⑪内部監査員の保有力量、内部監査の結果（受けた結果）

・内部監査員の保有力量

「力量のない講師が担当する講習会」と同様、「力量のない内部監査員が実施する内部監査」は、時間の無駄であり、受けない方がマシですね。

交通事故防止・削減の仕組みとして、内部監査は非常に重要であり、ＰＤＣＡでは「Ｃ：Check：検証」の集大成ですから、その集大成である内部監査が無駄になることは、交通事故防止・削減の取組み自体が無駄になる可能性があることを意味します。

内部監査員の具体的な保有力量としては

・交通事故防止・削減の仕組みの熟知
・問題点指摘のための検出力
・改善に向けた指摘のための改善提案力
・マネジメントシステムの理解力
・プロセスについての理解力
・社内の業務処理の仕組みについての熟知

などがあげられます。

このように重要な内部監査を担当する内部監査員の力量は、ぜひとも人事評価制度との連動が必要です。

内部監査員の保有している力量をもとに、職能資格等級などの格付けに活用し、その内部監査員の力量が発揮されたことを「発揮された能力」や「成果」で測ることになります。

・内部監査の結果（受けた結果）

内部監査は自分たちで自分たちの会社を審査する第一者監査ですから、日ごろの問題点を洗いざらい検証し、勝手知ったる自社の改善事項を鋭意検出するよい機会です。ただ、その結果については、被監査者としては厳粛に受け止め、

4　交通事故削減に有益な人事評価制度を活用しよう

・ルール違反が検出された
・やるべきことが不完全であった

などの自部署に問題があったことについては、なんらかの人事評価制度の対象として然るべきです。

私自身の過去20年近くにおける、さまざまな組織へのマネジメントシステム審査活動における初回会議で、最初に

「審査の結果を人事評価に利用しないでください」

とお願いしています。

このように、外部の第三者監査である審査登録機関が実施する審査において、人事評価に利用されると、被監査側は、監査対象をひたすら隠すことに終始してしまい、よい第三者監査ができずに無駄に終わってしまうので、前述のお願いを初回会議で申し上げるのです。

ただ、第一者監査である内部監査では、実施結果について、被監査部署の責任者や被監査業務の担当者は、よかった場合には高評価、悪かった場合には低評価を人事評価制度において与えるべきでしょう。

例えば、「マニュアル」に、"月に1回、3人のドライバーをサンプリングしたうえでドライブレコーダーの画像を確認し、運行状況に問題がないことを検証する"と規定されているにもかかわらず、未実施の場合は、その担当者や責任者には人事評価制度上でなんらかの評価を与えるべきです。

そもそも「マニュアル」には、交通事故防止・削減のために有益であることが規定されているはずですので、その規定内容が未実施の場合は交通事故発生のリスクが高くなることを意味します。仮に、交通事故防止・削減に寄与しないと思われる取組みが「マニュアル」に規定されているのであれば、その規定内容は交通事故防止・削減に対してあまり機能していない根拠とともに削除提案（改善提案）をすればよいのです。

実施済みの内部監査や私が担当するISO9001やISO39001（道路交通安全マネジメントシステム）の審査の場でも同様の事例があり、そのことを指摘すると、被監査者からは、「あー、その取組みは意味がないと思ったのでやっていません」と、平然と言われる場合があるのですが、

そのような姿勢だから事故が減らないのです！

このように疑問があるのでしたら、改善提案をすればよいのです。これは一番やってはいけない

放置していた

ということです。「ヒヤリ・ハット情報」についても収集するだけ収集して活用せずに放置しておくことが一番よくないことは前述したとおりです。

ここで強く言いたいことは、皆で決めたことや決定の場に参加していなくても決定事項を知っているということは、

「私もやります！」

と承認したことになるのです。

社会人として、言いわけは通用しません。ましてや、「上が勝手に決めたことだから」と言い逃れるようなことはしないでください。

特に **人命にかかわる業務をしている運輸事業者は！**

A社（交通事故を半減させた運輸事業者）の場合は、内部監査を半年に1回実施し、その結果により、その営業所の責任者に対して、プラスの付加評価もしくはマイナスの削除評価を行う人事評価制度になっています。それだけ営業所の責任者は責任が重く、その拠点の社長と同一の扱いなのです。

以上、内部監査の結果について、責任者や担当者は人事評価の評価と連動することを強く意識していただき、日常業務に励んでほしいのです。

(2) 交通事故削減と「就業規則」
　交通事故削減への取組みが実施できていない場合、次のいずれかでの対応が必要と考えます。
　①人事評価制度におけるマイナス評価付与
　②「就業規則」の遵守義務違反による懲戒
　本節では、①**人事評価制度におけるマイナス評価付与**について説明しています。
　②**「就業規則」の遵守義務違反による懲戒**については、**第3章**で触れましょう。ただ、注意点としてマイナス評価を行う場合、人事評価制度でマイナス評定を行い、「就業規則」の不遵守による懲戒を実施した場合、二重懲戒の可能性がありますので注意が必要です。

(3) 複雑にしてはいけないドライバー向け人事評価制度
　交通事故防止・削減につながる人事評価制度の策定において、パッケージ化された人事評価制度は問題であることを何回も説明しましたが、特にドライバー向けの人事評価制度はその組織の状況をフレキシブルに反映したシンプルな制度の策定が必要です。
　もし人事評価制度の説明会を2時間も実施しなくてはならないような複雑な制度であれば問題でしょう。
　では、シンプルなドライバー向け人事制度の例として内容を見てみましょう。
　①ドライバー向け職能資格等級制度
　②ドライバー向け評価制度
　③ドライバー向け能力開発制度

以上の3つが考えられます。なお、本書ではドライバー向け賃金、特に時間外手当などについて触れません。ドライバーの職能資格等級格付け結果、評価結果及び能力向上結果をどのように賃金に反映させるのかは、また別の機会を設けたいと思います。

①ドライバー向け職能資格等級制度
　「ドライバーに対してわざわざ等級分けして区別する必要があるのか？」という意見もありますが、私は賛成でも反対でもありません。その組織の状況を反映させればよいだけです（だから、パッケージ化された制度ではよくないのです）。
　一般論として、どのような職種でも経験・時間の経過とともに能力・力量の差が生じることは当然のことであり、その結果を等級分けすることに問題は生じないと思います。ただ、過度な等級分けの必要性は感じられないので、せいぜい3段階くらいがよいと思います。
　例えば、1等級、2等級、3等級に分けて、当然3等級の能力が一番高度なのですが、その保有能力の表現方法としては、組織内の誰が見ても一目瞭然でイメージが湧く内容にすべきです。間違っても、

ほかのドライバーの模範となる運転ができる

などという保有力量の表現では、イメージがつかみにくいですし、人によって全く解釈が異なる可能性があります。
　このようなことを説明すると、「どんな表現でも人によって解釈が違うのではないか」との意見を頂戴することがあります。確かに完璧に具体的及び客観的に保有能力要件を表現することは公的資格などの保有以外は難しいとは思いますが、それでも表現は可能なのではないでしょうか。
　例えば
　・運輸安全マネジメントの目標達成ための施策を理解している

4　交通事故削減に有益な人事評価制度を活用しよう

　・決められた服装で作業ができる
　・日報が正しく書ける
などは、常識的に理解してイメージできるのではないでしょうか。
　保有能力要件内容がイメージできないことは、当該人事評価制度が複雑化への方向に進んでいる可能性がありますので、本書をお読みの運輸事業者の皆さんは、とにかく具体的かつ客観的でイメージしやすい保有能力要件を心掛けてください。

②ドライバー向け評価制度について
　ドライバーに対してなにを評価するのか？　ですね。
　一般的な人事評価制度であれば、
　・業務姿勢
　・発揮した能力
　・成果
などが評価対象になると思われます。
　ドライバーに対しても前述の3項目を評価していただいても問題ありませんし、さらにシンプルな評価内容でも構いません。
　ただ、ここで1つ私の想いを説明したいと思います。
　運輸事業者の管理職や経営層には一部で構わないので必ずドライバー出身の管理職、経営層を据えていただきたいのです。
　ようするに「輸送の最前線」という現場を熟知しているドライバー出身の管理職、経営層が運輸事業の経営上必要なのです。
　輸送現場を理解していない管理職や経営層は運輸事業について「人を殺傷する可能性の高い事業」との認識が薄い方がいらっしゃると思うのです。ですから、
　・自社が重傷事故や死亡事故を起こしてもピンとこない
　・死亡事故の相手方遺族への謝罪を逃げる
　・儲け第一主義で安全に費用を回したがらない

第2章　交通事故半減のための具体的な取組み

というような運輸事業者が散見されるように思えます。

　確かにドライバー出身の管理職、経営層は自身が輸送の最前線で活躍していたころは安全に対する意識や事故削減に対する活動に疎かったこともありますが、いざ、管理する側に回ると輸送の安全実現や事故削減に対する姿勢が大きく転換するのではないでしょうか。

　ドライバーから管理職、経営層を登用するためには、職能資格等級制度や業務姿勢・発揮した能力・成果の評価制度が必要です。

　この考えはドライバー向け人事評価制度をシンプルにすべきとの意見に反するかもしれませんが、間違ってはいないと思います。

　やはり、「運輸事業者の経営」という長期的視野に立った場合、ドライバー出身の管理職、経営層の存在は、必要なのです。

　このドライバー向け評価制度での一番重要な評価項目として、当然、交通事故防止・削減活動に対してどうであったのか？　を評価すべきです。

　本章④（1）交通事故につながる人事評価制度とは？ で、連動が必要な項目について説明しましたが、そのなかでドライバーへの評価に組み込むべき内容は以下のとおりでしょう。

・ドライバー個人目標
・輸送の安全に関する情報の伝達（事故情報、ヒヤリ・ハット情報、構内や作業方法の改善情報など）
・法令・規制等の遵守
・教育・訓練
・事故発生時の対応
・事故予防対策
・日常の運用管理事項
・監視、測定、分析及び評価
・内部監査員の保有力量、内部監査の結果（受けた結果）

　これらの内容を参考にドライバーの評価にどのように反映させるの

かを検討する必要があるのです。

③ドライバー向け能力開発制度

　一昔前のドライバー職は、「行ってきます」と営業所を出発したら、組織からはあまり干渉されない気楽な職業であったことは否定しませんが、現在では、営業所を出発した後もドライブレコーダー、デジタルタコグラフ、GPS及びテレマティクスで常時監視されている状態です。

　一昔前のドライバーは能力の差が出がたく、結果としての交通事故発生について評価するくらいでしたが、前述のように各種機器・設備で運行状況の監視が行き届いている場合（プロセスの監視）、交通事故の発生という結果の評価だけでは問題があり、交通事故の防止・削減に結びつきません。

　この、運行状況の監視やそれに至るドライバーの能力について開発・向上させなくてはならないのです。

　ここで重要なことは

　　　「ドライバーの皆さん！　能力を向上してください！」

と、思っているだけではダメなのです。

　「そんなこと思っているだけではないです!!」と管理職や経営層から反論されそうですが、本当にそうでしょうか？　そもそも、ドライバーに限らず従業員の能力を向上させるためには、

　　　「ここまでの能力を身につけてください」

と、能力（力量）のハードルを設定しなくてはなりません。

　あなたの会社は「能力（力量）のハードル」を設定していますか？

　申し訳ないのですが、ほとんどの会社では、この従業員に求める「能力（力量）のハードル」を設定できていません。

本来、この従業員に求める「能力（力量）のハードル」と、従業員の現状の能力（力量）の差を埋めることが「教育のニーズ」であり、その「教育のニーズ」を反映した教育訓練計画を立案し、ＰＤＣＡを回していくのです。
　ドライバーも例外ではなく、法令で規定されている「法定11項目指導監督」、「初任運転者指導」、「高齢運転者指導」、「事故惹起運転者指導」だけでは足りないのです。
　ぜひ、ドライバーに対しても「能力（力量）のハードル」の設定をお願いします。

　以上、「ドライバー向け人事評価制度」について説明してきましたが、「シンプルであるべき」と主張しているにもかかわらず、前述の説明を読むと「難しい制度の構築・運用が必要なのでは？」と誤解される方もいらっしゃるかもしれませんが、決してそのようなことではありません。
　そのドライバー向けのシンプルな人事評価制度の概要をまとめると、
　・３等級の職能資格等級
　・「業務姿勢」、「発揮した能力」、「成果」を評価する（交通事故防止・
　　削減の取り組みを評価する）
　・組織がドライバーに身につけてほしい能力（力量）を明確にして
　　その能力（力量）に到達するための教育訓練の計画〜実施〜評価
となります。
　以上は、あくまでドライバー向け人事評価制度ですから、運輸事業者の非ドライバー職は例外です。

（4）評価者を苦しめない評価制度とは？

　人事評価制度で人が他人を評価することは非常に苦しいことですね。
　なぜ、他人を評価することが苦しいのか？

4　交通事故削減に有益な人事評価制度を活用しよう

①評価基準があいまい
②評価結果が被評価者の処遇に影響する
この２点ではないでしょうか。
　②**評価結果が被評価者の処遇に影響する**については、評価プロセスが明確であり、評価結果に自信が持てるのであれば解決することなので、ここでは、①**評価基準があいまい**について考えてみましょう。

・なぜ評価基準があいまいになってしまうのか？
　評価者（評価する側）にとって、結果だけを機械的に評価できればこんなに楽なことはありません。例えば、
　S評価：無事故（交通事故、荷役事故、荷物事故）、無違反
　A評価：Sに比べて荷物事故が２件以下
　B評価：Aに比べて物損事故（過失割合50％以上）１件
　C評価：Bに比べて、軽微違反（２点）を１回
　D評価：Cに比べて、人身事故（過失割合50％以上）もしくは荷役
　　　　事故が１件発生
以上の評価基準の場合、データさえあれば簡単に評価できます。

　　　「ドライバーの評価は結果だけ評価すればよいのではないか！」

この発言は運輸事業者からよく聞く発言です。
　ただ、この考えは非常に危険です。これは

　　　　　　事故を起こさず、違反が見つからなければよい

ということになります。
　これで本当によいのでしょうか？

この考えは、

たまたま事故が起きなかった
たまたま違反が見つからなかった

だけなのです。

　交通事故防止・削減のために、さまざまなやるべきことがあります。その「やるべきこと」こそ、

　交通事故防止・削減のプロセスであり、そのプロセスを評価しなくてはなりません

　評価制度における成果主義への傾倒・依存に対する問題点の指摘がされ始め、皆さんも耳にしたことがあると思いますが、成果主義自体は悪いことではなく、成果だけで評価することが問題なのです。

そこで、必要なことは **プロセス評価** です。

　「プロセス評価」とは、アウトプットや成果に至るプロセスを明確にして、そのプロセスを評価していく評価制度のことです。
　私は、このプロセスを明確にして評価する「プロセス人事制度」を

最強の人事制度 と思っています。

　「プロセス人事制度」については、拙著『プロセスリストラを活用した真の残業削減・生産性向上・人材育成実践の手法』(日本法令)に概念を説明しています。
　交通事故防止・削減に至るプロセスとは具体的に
　・ヒヤリ・ハット情報の提出
　・法定速度の遵守(デジタルタコグラフでのモニタリング)
　・過積載なし
　・個人目標の策定・運用

・輪留め（歯止め）の使用
・指差し呼称の実施
などがあり、これらについても評価対象とすべきです。

では、なぜ、評価基準があいまいなのでしょうか？

答えは簡単です。あいまいな評価基準しか策定していないか、評価基準そのものを策定していないからです。ですから、評価に迷わないための評価基準の策定を行えばよいのです。

この考え方は、私が人事制度の先生から20年ほど前に、教えていただいた考え方であり、「評価の着眼点」と呼んでいます。

私は、この「評価の着眼点」を結果だけではなく、アウトプットや成果に至るプロセスにあてはめて評価することを思いついたのです。

「評価の着眼点」を策定することにより、あいまいな評価をしなくて済み、機械的に評価することができるのです。また、評価結果について、その評価の根拠を明確に示すことができるので、評価に対する罪悪感がなくなるのです。

プロセスを評価する場合、
・段階で評価する（例えば5段階評価）
・○×（できたorできなかった）で評価する
など、いろいろ考えられますので、組織に合った評価方法を実施するとよいでしょう。

例えば、「ヒヤリ・ハット報告書」の提出を5段階で評価する場合、
S＝年間5枚以上提出し、かつ、提出間隔が3か月以内であった
A＝年間5枚以上提出
B＝年間3枚以上提出
C＝年間1枚以上提出
D＝未提出
であり、○×評価の場合、
○＝年間3枚以上提出

×＝年間2枚以下提出若しくは未提出
となります。
　一つひとつの評価項目に「評価の着眼点」を策定することは少々骨が折れると思われるかもしれませんが、実は結構ルーティン作業で可能ですので、気が遠くなる作業ではありません。
　この「評価の着眼点」を策定することにより人事評価制度の運用がスムーズになるのです。
　人事評価制度が活用されない大きな原因として、評価基準があいまいなこと（評価することが後ろめたい、面倒くさい）が多いのですが、「評価の着眼点」の活用により、このような原因での人事評価制度が活用されない事態はかなり削減できるでしょう。
　なんといっても「評価の着眼点」の策定・活用は評価者を苦しめないためのツールですから。

荷主企業（元請け業者）へ協力要請しよう

(1) 会社の規模に関係ない2種類ある荷主企業

 2種類の荷主企業とは、
 ①品のない振る舞いをする荷主企業
 ②品のある振る舞いをする荷主企業　です。
 では、荷主企業にとっての「品のない振る舞い」とは、どのようなことでしょうか？　あくまで私見ですが、その着眼点として

自社製品に愛着があるのか？ ということです。

　自社製品に愛着があれば、安全管理上問題のあるトラック事業者に輸送を依頼しないですよね。仮に「自社製品＝わが子」と考えた場合、可愛いわが子が遠足に行く場合、安全管理がずさんな観光バス業者に乗車させたくないと思うのです。
　しかし、製造業者であってもわが子同様の自社製品に愛情を感じない荷主企業が存在することに驚かされます。

ようするに **運賃さえ安ければよい！** という荷主企業です。

　しかし、まだこの「運賃さえ安ければよい！」という荷主企業はマシであり、
　・暗に過積載運行や過労運転につながる要求
　・根拠のない度重なる値下げ要求
　・無理な到着時間の指示（最高速度違反につながる）
　・契約以外の役務対応の強制
などを行う荷主企業はいまはやりの文言では"ブラック荷主"なのかもしれません。

第2章　交通事故半減のための具体的な取組み

　このような"ブラック荷主"をメイン荷主として事業経営しているトラック事業者は非常に不幸であり、安全管理もままならず、交通事故削減や長時間労働是正の要求をしたところで聞き入れられないと思われます。誤解のないように申し上げますが、"ブラック荷主"については、組織の規模は関係なく、小規模でも優良荷主は存在し、大規模でも"ブラック荷主"は存在します。

　本項では、「荷主企業―トラック事業者」の着眼点で説明していますが、同様の視点で「旅行会社（代理店）―バス会社」に読み替えられます。もちろん「元請け業者―下請け業者」にも読み替えてください。

　私も交通事故防止・削減の仕組みの専門家として運輸安全マネジメントやISO39001のセミナー講師や指導を数多くさせていただきましたが、そのセミナー参加者やセミナー開催の要望・質問を頂戴する組織のなかには、運輸事業者だけではなく、メーカーや製造業者の方も相当数含まれていました。そのような参加者や受講生によく次の質問をします。

　「あなたの会社の製品を輸送委託しているトラック事業者が大事故を起こして人命が奪われた場合、どのような対応をされますか？」

　その回答は二分されます。

X社：「今回の事故は輸送外注先が起こした事故なので当社とは一切関係ありません」

Y社：「当社は輸送業者ではありませんが、当社製品の輸送中に事故が発生したのですから大変遺憾に思います。被害者の方に対する補償を含めて輸送業者に適切な対応を取るよう、要請いたします」

　実は、実対応自体はX社もY社も大した違いはないのですが、X社は「一切関係ないのでかかわりを持ちたくない」という姿勢であり、Y社は自社に責任がないことをやんわりと主張しつつもトラック事業者に対する適切な対応を示唆しています。

あなたでしたら、X社とY社の製品のうち、どちらを購入したいですか？

荷主企業自身も法的な縛りがあることを理解していただきたいのです。その法的な縛りとは、貨物自動車運送事業法における荷主勧告制度のことです。

■荷主勧告制度とは

実運送事業者が行政処分を受ける場合、当該処分などに係る違反行為が主に荷主の行為に起因するものであると認められる場合に、当該荷主に対して再発防止のための勧告を行う制度です。荷主勧告が実施されると関係省庁と協議の上、荷主名などの公表が行われますので、その社会的影響は計り知れず、特にCSR企業を標榜している企業であれば、言っていることとやっていることの大きなかい離が社会的問題となるでしょう。

では、荷主がどのような振る舞いの場合、荷主勧告制度が適用されるのかの一部を説明します。

- ●荷主が実運送事業者に対する優越的地位や継続的な取引関係を利用して次の行為等を行った場合
    - ア　非合理的な到着時間の設定
    - イ　やむをえない遅延に対するペナルティの設定
    - ウ　積み込み前に貨物量を増やすよう急な依頼
    - エ　荷主管理に係る荷捌き場において、手持ち時間を恒常的に発生させているにもかかわらず、実運送事業者の要請に対し通常行われるべき改善措置を行わないこと
- ●実運送事業者の違反に関し、荷主の関係者が共同正犯もしくは教唆犯又は強要罪で公訴が提起された事例そのほか荷主の指示などが認められた事例

第2章　交通事故半減のための具体的な取組み

　ようするに、速度オーバーや過積載につながる業務指示、トラック事業者ではどうすることもできない事象に対するペナルティの設定などが荷主勧告の対象となると理解してください。

　また、トラック事業者の手持ち時間の恒常的発生に対する、トラック事業者からの改善要請に対して、放置しておいた場合なども荷主勧告の対象となる可能性があるのです。

　また、警察署長が道路交通法における再発防止命令書を荷主に発出する制度もあり、こちらも荷主勧告制度同様、荷主の責任を問うものです（詳細は拙著『CSR企業必携！交通事故を減らすISO39001のキモがわかる本』（セルバ出版）を参照）。

　以上のことから、荷主企業としても
　・トラック事業者の交通事故発生
　・トラック事業者のドライバーの長時間労働
については、決して、他人ごとではないのです。

　また、「品のある振る舞いをする荷主企業」であるなら、自社製品や自社に関連する商品を輸送委託するトラック事業者についても、安全管理が整った業者に輸送委託すべきであり、委託先トラック事業者が重大事故を発生させた場合でも、決して知らぬふりをしてはいけないのです。

　この荷主企業としての姿勢は社会的要請でありCSRの一部であると考えられ、トラック事業者としてもそのような姿勢の荷主企業と取引すべきでしょう。

　低廉な運賃だけを武器に荷主開拓していくトラック事業者はほめられた業者とは言えませんが、自社の大切な製品や関連する商品を輸送委託する際のトラック事業者の制定を低廉な運賃だけで判断する荷主企業は大手企業であったとしても

自社さえよければよいという品のない三流企業

と言えましょう。

(2)「品」のある組織と取引しよう

　もしあなたがトラック事業者に勤務しているのであれば、あなたの会社が取引している荷主企業は「品」がある企業でしょうか？
　運輸事業者として"品のある振る舞いをする荷主企業"とつきあいたいのであれば、あなたの会社自身が、

品のある振る舞いをする運輸事業者

となるべきです。
　では、「品のある振る舞いをする運輸事業者」となるにはどのようにすればよいのでしょうか？
　一番簡単な方法としては、

まずは、**法令遵守** です。

　運輸事業は許認可業種です。許認可業種である以上、明確な監督官庁が存在しており、関連法令の遵守を条件に事業の存続が認められているのですから、法令遵守は当たり前のことなのです。
　ただ、自動車運送事業の場合、完全に法令を遵守することは難しいのかもしれません。しかし、そこで開き直らないでください。
　今日より明日、明日より半年後、半年後より２年後に法令遵守度合を上げていかなくてはならず、その姿勢を堅持することが必要なのです。「その姿勢」こそが「品のある振る舞いをする荷主企業」になるための第一歩なのです。
　そして、法令遵守の姿勢は自社だけでは難しいのです。
　当然の如く法令違反の上に成り立つ輸送依頼を要求してくる荷主企業は後を絶ちませんし、そのような法令違反の要求に対しても、なんら不審にも感じない組織風土。これでは、法令遵守などいつのことや

らです。
　そこで、まず、運輸事業者から法令遵守に関連する要求を荷主企業に行えばよいのです。
　少しずつでもよいので、荷主企業に対して法令遵守につながるお願いをしていく必要があるのです。その努力が、あなたの会社を"品のある振る舞いをする運輸事業者"に近づけることになるのです。

(3) 荷主企業の態度にここ最近変化が……

　序章⑤荷主への協力要請で少し触れましたが、ここ最近、荷主企業の態度に変化がみられるのです。
　以前でしたら、「運ばせてやっているんだ！」という態度が見え隠れしている荷主企業が数多く存在していましたが、最近では、「Win-Winの関係ですから」と発言する荷主企業も出てきました。
　ここ最近のドライバー不足を考えると、ごく普通の展開なのかもしれません。物流が滞るということは、わが国の血液の流れが滞ることですから、経済も滞ってしまいます（旅客運送事業も同様で人の流れが滞ることも非常に問題ですね）。
　以上、勘案しますと運輸事業者優位の状況になることも予測されますので、荷主企業に対して交通事故防止・削減や長時間労働是正のお願い・協力要請を行うちょうどよい機会だと思えます。
　１つお願いですが、このような情勢を逆手にとって、運輸事業者として

「運んでやっているんだ！」

と、決して胡坐をかかないでください。それこそ下品な振る舞いです。
　余談ですが、コンサルタントや士業の業界では、起業当初、仕事がほしいばかりに「どんなことでもやりますので、仕事ください！」と仕事をねだられる方がいらっしゃいます。これはこれで、悪いことで

はありません。問題はその後です。少し経営が軌道に乗ってくると、起業当初世話になった方からの仕事の依頼に対して横柄な態度で選り好みをする方がいらっしゃいます。この"選り好み"は、自身の専門性を特化するうえで必要な場合もありますが、明らかな"選り好み"の場合、「もう少し断り方があるだろうに」とその方自身のことが心配になってしまいます。

　運輸事業者でも同じだと思うのです。

　安全管理も法令遵守もどこ吹く風で低廉な運賃だけを武器に荷主を獲得している運輸事業者の場合、荷主との立場が少しでも逆転しようものなら、前述の「運んでやっているんだ！」という態度に転じる可能性が高いのです。しかも、そもそも安全管理もできていない業者ですから、交通事故発生の可能性が格段に増えることは言うまでもありません。

　話を元に戻しましょう。

　前述のように人手不足・ドライバー不足が顕著である現在、運輸事業者の重要性が認識され、かつ、モノや人の輸送を依頼する立場のＣＳＲの観点からも、運輸事業者として交通事故削減・長時間労働是正のための「お願い」をすることは理にかなっているのです。

　ですから、荷主企業にお願いしても、

・所詮、聞き入れてくれない

・どうせ、ダメだろう

と、決めつけないでください。

　「所詮」や「どうせ」は人であれば不幸に結びつく言葉ですし、組織であれば破たんに向かう文言として、極力、使用しないことです。

　第2章②長時間労働是正への取組みでは、交通事故を82件から43件に激減させたＡ社の取組みを説明しましたが、そのなかでも有益であった取組みとして

第2章　交通事故半減のための具体的な取組み

荷主対策 がありました。

以下は、A社に限定せず私が指導する場合の一般的な荷主対策の主なものです。

・荷主に対する既存サービスの廃止
・荷主への協力依頼
・荷主へ運賃、運行条件の見直し依頼
・不採算顧客との契約解除

これらの詳細については、**本章②（13）いざ、実施！社長、経営層の本気度が試される**……をご覧いただくとして、実際の対策は有効に機能することが非常に多いのです。

ただ、私の指導経験からひとつネガティブな事例をあげておきます。それは、荷主に対する一番きつい要請として、「不採算顧客との契約解除」を要請した場合のことです。

運輸事業を経営する経営者として不採算顧客との契約解除は当たり前のことなのですが、いざ、契約解除を通知すると（打診ではなく通知です）、かなりのバッシングを受ける可能性があります。具体的には、

・無責任だ
・何様のつもりだ　などです。

運輸事業者としては契約内容に則った契約解除ですから法的になんら問題はありません。また、"何様のつもりだ"については、「そちらこそ荷主様ですか？」と切り返したくなります。

また、そのようなときだけ運輸事業者の公共性・社会性を持ち出し、前述のような台詞を浴びせられるのです。

「無責任だ！　何様のつもりだ！」と言ってくる荷主企業に限って、いままでは法令を無視した要求を数多くしてきているのですが……。

このような"荷主様"的な荷主企業とは縁が切れることをちょうど良い機会だとポジティブリスクと捉えて、粛々と交通事故防止・削減に

向けて活動していけばよいのです。その活動の一環として荷主への協力要請も粘り強くお願いしていけばよいのです。

(4) PR活動を最大限活用しよう

　運輸事業者として、交通事故防止・削減活動を実施していることを最大限PRしてください。

　運輸事業者が、交通事故防止・削減活動を行うことは当然のことなのですが、その当然のことを法令で定められた最低限の活動しか実施していない業者がなんと多いのでしょうか。

　ですから、積極的に自主的に交通事故防止・削減活動を実施するのであれば、「花火」を打ち上げましょう。「花火」には、地味な線香花火もありますし、豪華なスターマインもありますよね。では、これら「花火」を見てみましょう。

・自社のホームページ

　交通事故防止・削減活動は堂々と詳細に自社ホームページに掲載してください。こまめにサイトの更新ができないのであれば、Facebookなどを活用して、Web上でPRしてください。荷主企業に要請しておいて、自社サイトなどにそのことが掲載されていなければ、荷主企業としても腑に落ちないかもしれません。

・組合紙（誌）、協会紙（誌）への掲載

　企業であれば、なんらかの団体に所属している場合が多いと思いますので、その団体が発行している新聞や会報などに掲載されることで、なんらかのアクションにつながります。

・業界紙への掲載

　物流、運輸関係の新聞に交通事故防止・削減活動に取り組んでいる

ことを掲載してもらいましょう。業界紙の場合、掲載のハードルは思いのほか低いので、積極的に記者とコンタクトを取ることをおすすめします。

・一般紙への掲載

一般紙の場合、少々ハードルが高くなるのですが、チャレンジすべきです。ただし、全国紙及びブロック紙の場合はさらにハードルが高くなるので余程の話題性がない限り難しいと思ってください。

地方紙については、話題性と社会性があり、読者の興味を引く取り組みであれば掲載の可能性が増えます。一番、掲載の可能性が低いのは、自組織の自己満足的なPRです。例えば、「○○しています。スゴイでしょう」などです。○○することにより、どのようなことになり、それが読者の興味を引いたり、ためになるから掲載されるのであり、自組織の一方的な都合によるPRでは一般紙への掲載の可能性は極めて低いでしょう。

私がISO22000（FSMS：食品安全マネジメントシステム）[※]を指導し、日本で初めてトラック業者としてISO22000を取得した企業について、その事業所がある山梨県と長野県の地方紙にプレスリリースを送ったところ、2紙とも掲載されたことがありました。この件については、日本初ということ、読者が食品安全に厳しい目を向けていた時期ということで掲載されたのでしょう。もちろん、トラック業者がISO22000に取り組むことでどのようなことが実現できるのかもプレスリリースで説明しました。

※ISO22000とは？
　HACCPの管理手法をベースに安全な食品を提供するための仕組み。

・ビジネス雑誌、業界雑誌への掲載

　雑誌への掲載の場合、新聞からの取材とは違い、取組み内容を執筆し掲載されることになるので、あくまで執筆が必要です。ただ、事例は少ないですが取材を受けたうえで掲載されることもあります。

　私自身、雑誌への掲載は連載も含めて40回以上あると思いますが、取材を受けて掲載されたことは、ほんの数回でほとんどは私自身が執筆しました。

　雑誌への執筆というと大変なように思えますが、実はそれほどハードルは高くなく、読者のためになると判断されると、プランが採用されることも多いので、よい取組みであればその顛末のレポート執筆にぜひ挑戦していただきたく思います。

　新聞は再読率が低く、また、取材をもとに記者が自由に書きますから必ずしもこちらが伝えたいことが掲載されない場合もあります。その点、雑誌への執筆の場合、手間はかかりますが、ある程度自由に執筆できるので伝えたいことが伝わるメリットがあります。

・会社報の発行・掲載

　この場合の「会社報」とは、顧客に向けて発行するニュースレターのことです。既に発行されている組織も多いと思いますが、私が主宰している事務所でも20年以上隔月で発行しており、どの程度読まれているのかは不明なのですが、事務所職員がお客様のところへ訪問すると、結構読まれており、ニュースレターの内容が話題になることもしばしばのようです。

　このニュースレター（会社報）に交通事故防止・削減への取り組みを開始したこと、取組み内容をぜひ掲載してください。

　また、顧客向けに配布していない「社内報」でも、交通事故防止・削減への取組みについては掲載し、できればお客様にも送るべきでしょう。

以上、PR活動である「花火」について説明してきましたが、これらの「花火」より地味ですが、確実にお客様・関係者の耳に届き、効果が出るPR活動が、自組織職員による口コミがあります。

ようするに自組織の職員がお客様訪問時に「当社では○○の活動をしております」とその都度伝えるのです。そして、できることなら、その活動の文書や活動状況の写真が入った文書を渡してくるのが実は一番のPR活動だと思います。

なにかプロジェクトを始める場合、必ず「全員参加」と、くどいくらい伝えるのですが、実際、プロジェクトメンバー以外は活動への認識が甘い場合があるのです。しかし、このようにプロジェクトメンバー以外も顧客訪問時への口コミを実践させることにより「蚊帳の外」ではなくなり、まさにプロジェクト活動が「他人ごと」ではなく「自分ごと」になるのです。

ですから、全職員による口コミを実施してみてください。

第3章

交通事故削減のための「就業規則」の作成

第3章　交通事故削減のための「就業規則」の作成

■この章のはじめに

　この章では、交通事故を削減するための「就業規則」について説明しますが、大切なことは、

「就業規則」を○○に役立てる

という考え方を身につけていただきたいのです。

　「就業規則」は、策定・使用方法により、目的を達成するツールとして活用できるというフレームワークを理解してほしいのです。

　ですから、「就業規則」の何章の何条に具体的に○○○○○○を規定してくださいという説明は差し控えますし、作成事例及び規定事例についても掲載を差し控えます。

　なぜなら、具体的な事例を掲載してしまうと、そのまま、「就業規則」に規定してしまい、またもや使えない「就業規則」が1つできあがってしまう可能性があるからです。

　「就業規則」とは、本来、

　・組織の実態を反映させ規定する

　・今後、実施すべきことを規定する

　・法令などに則った内容を規定する

ことが必要であり、どこからか入手した"ひな形"をもとに、会社名や始業時刻・終業時刻などを書き換えて完成させる文書ではないのです。

　また、交通事故防止・削減のための実施事項についても、組織ごとでやるべきことが異なりますので、組織の状況を適切に反映した、交通事故防止・削減活動を決定したうえで、「就業規則」に規定することが必要です。

　以上のことから、本書では「就業規則」の具体的な作成事例・規定事例の掲載は差し控えます。なお、運輸事業者の「就業規則」について外部の専門家に相談する場合は、運輸事業に精通した社会保険労務士に相談されるとよいでしょう。

マネジメントシステム審査で出会った優良企業（マニュアルを徹底的に使いこなす）

　10年以上前の話ですが、マネジメントシステム監査を担当させていただいた組織のマニュアルがスゴイのです（仮にZ社とします）。

　マネジメントシステムに取り組むほとんどの組織は、そのマネジメントシステム専用のマニュアルを策定し運用しているのですが、Z社の場合、日常業務とマネジメントシステムマニュアルが完全に融合しているのです。もちろん、日常業務とマネジメントシステムのマニュアルを融合させている組織はあるにはあるのですが、Z社の場合、

　①日常業務を優先している
　②一部や中途半端ではなく完全に融合している　のです。

①日常業務を優先している

　前述のとおり、マネジメントシステムに取り組む組織はマネジメントシステム専用のマニュアルを策定します。そしてそのマニュアルのほとんどは、マネジメントシステムに取り組むだけのマニュアルになっており、日常業務やほかのプロジェクト、委員会もしくは取組みなどとの連携が読み取れない内容になっているのです。

　このようなマニュアルが多いことは、いかにマネジメントシステムが活用されていないのかを証明することにもなっています。

　よく、「マネジメントシステムは役に立たない」と言う方がいますが、それは残念ながら、マネジメントシステムを使いこなす能力がないのか、そもそも使いこなせるマネジメントシステムではないことが大きな原因です。

　マネジメントシステムが機能している組織の場合、マネジメントシ

ステムマニュアルに日常業務の手順が組み込まれていたり、展開を示唆する文章が記載されています。このようなマネジメントマニュアルの場合、マネジメントシステム専用のマネジメントマニュアルよりはよいのですが、まだまだ改善の余地があります。

Ｚ社の場合は、日常業務マニュアルのなかにマネジメントシステムマニュアルが組み込まれているのです。このマニュアルを仮に「Ｚ社業務マニュアル」としましょう。

Ｚ社の従業員は、ほかの部署から異動して業務処理方法がわからない場合や業務処理に迷った場合、先輩や上司に業務処理方法をたずねるのではなく、まず、最初に「Ｚ社業務処理マニュアル」の内容を確認するのです。ようするに、「Ｚ社業務処理マニュアル」には、日常業務の処理内容が規定されており、個別の細かな処理内容については別途、手順書への展開が示唆されています。

そして、日常の業務処理マニュアルである、「Ｚ社業務処理マニュアル」には、マネジメントシステムでやるべきことが散りばめられ規定されているのです。

これはどういうことかというと、Ｚ社の従業員は、**知らず知らずのうちにマネジメントシステムで実施すべきことができてしまう**のです。

組織により違いがあり一概に言えませんが、マネジメントシステムに新規に取り組む場合、

・面倒くさい

・やり方がわからない

などの不満が出ることがあるのですが、日常業務に組み込まれているため、このような不満が出ないのです。

そもそも、マネジメントシステムでやるべきことは必要なことばかりですから、Ｚ社のように日常業務に組み込まれていることが組織の発展に大いに寄与していることは言うまでもありません。

②一部や中途半端ではなく完全に融合している

マネジメントシステムを活用し成果を上げている組織であっても、文書の作成状況は次のいずれかがほとんどです。

・業務処理手順書にマネジメントシステムでやるべきことの一部が組み込まれている
・マネジメントシステムマニュアルに日常業務の一部の処理手順が組み込まれている

これはこれでよいのですが、「Ｚ社業務処理マニュアル」は、日常業務とマネジメントシステム手順がほぼ完全に融合しているのです。

第3章 交通事故削減のための「就業規則」の作成

 どうせ作成しなくてはならないのであれば、使えるものにしよう

　Z社のマネジメントシステム監査を担当したことにより、私のなかで1つの疑問が浮かびました。
　マネジメントシステムの世界というか、製造業では組織運営の処理手順の文書が階層化しており、それぞれ完全ではないが、つながっています。しかし、マネジメントシステムを経験していない組織や非製造業組織では組織運営のための文書自体が存在していない場合が多く、存在していたとしても「縦割り行政」というか、「ぶつ切り」状態で文書間の階層はもちろん横のつながりもない状態が多いのです。これは非常にもったいないことです（製造業においても、製造関連の文書以外はつながりがない場合がほとんどですが）。
　また、マネジメントシステムに取り組んでおり、文書の階層ができあがっている組織でさえ「就業規則」が文書管理の対象から除外されている場合が多いのです。ようするに、組織のマネジメントシステムを運用するうえで「就業規則」は関係のない文書との位置づけです。
　この考えは間違っているのではなく、一部のマネジメントシステム（ISMS：情報セキュリティマネジメントシステム、FSMS：食品安全マネジメントシステム）以外では、正しい解釈なのかもしれません。しかし、この状況は、まるで、

　　　　「就業規則」は組織運営とは関係ない文書である

と、思えてしまうのです。
　「就業規則」は、従業員を常時10人以上使用する事業場では法的に作成義務があります。この「就業規則」をどうせ作成しなくてはならないのであれば、成果が上がる文書にしたいものです。

3 交通事故削減につながる「就業規則」とは？

「就業規則」には、3つの記載事項があります。
・絶対的記載事項
・相対的記載事項
・任意的記載事項

　交通事故防止・削減につながる従業員としての活動について「就業規則」に規定する場合、相対的記載事項に該当するのか、任意的記載事項に該当するのかの考えは、ここでは大した意味を持たないので省略します（私は、相対的記載事項だと思います。仮に、交通事故削減についての活動が、事業場で働く全員に課せられる場合は、相対的記載事項として「就業規則」に規定しなくてはなりません）。

　ただ、交通事故防止・削減につながる従業員の実施事項を「就業規則」に積極的に規定していくべきです。

　では、具体的にどのような交通事故防止・削減につながる活動を規定すればよいのでしょうか。

①採　用

　第1章①では、使用方法により大量殺人兵器となりかねないトラックやバスを使用・管理する主担当者がドライバーであると説明しました。このようにドライバーは非常に重要な業務を遂行するのですから、誰でもよいということではなく、適切な判断基準のもと、採用された要員でなくてはなりません。

　その採用の"判断基準"を「就業規則」に規定しなくてはなりません。具体例を以下に示します。

第3章 交通事故削減のための「就業規則」の作成

> ・免許の種類
> ・運転歴
> ・免許取得後経過年数
> ・事故歴・違反歴
> ・健康状態（特に急激に運転に支障をきたす疾患の有無）
> ・運転適性検査の結果
> ・身元保証

なお、前述の個々の判断基準は組織により異なりますのでここでの具体例の掲載は差し控えます。

また、判断基準の詐称について採用の取り消しの対象とする規定も必要でしょう（懲戒解雇規定の適用を排除しない）。

試用期間から本採用への移行について、どのような場合に本採用に移行しないのかを規定することも検討が必要でしょう。

②教育・研修

ドライバーは法的義務である指導・監督（教育）を受けることは当然であり、それ以外にも組織が実施する交通事故防止・削減のための教育・研修の受講義務を明確に規定するとよいでしょう。

また、法的義務である教育または組織独自の教育・研修にしてもただ、座って受講しただけでは、交通事故防止・削減に寄与しません。

このような無意味な教育・研修を避けるためにも、必ず、教育・研修の有効性の評価を確認すべきです。そもそも、教育・研修には実施目的があり、その実施目的が叶ったのか否かを確認しなくてはならないのです。

有効性の評価の結果、教育・研修の実施目的が叶わなかった場合は、受講自体の意味がないのかもしれません。そのような場合の

・教育・研修の再受講
・就かせられない業務

などについても規定してもよいでしょう。

③ドライバー職に就けない場合
　ドライバーは大量殺人兵器となりかねないトラックやバスを使用・管理する位置づけで採用されたのですから、免許停止やそのほかの理由でドライバー職に就けない場合の待遇なども規定すべきです。

④普通解雇事由
　一般的に普通解雇事由として
・成績不良、能力不足により就業に適さないとき
・勤務態度が不良で注意後に改善が見られないとき
などが規定されていますが、交通事故防止・削減のための活動ができていない場合も普通解雇事由として規定すべきです。

⑤携帯電話の利用
　就業時間中に会社の許可なく、携帯電話やスマートフォンの利用は当然禁止すべきですが、ドライバーの場合、運転中の携帯電話・スマートフォンの使用は徹底的に禁止すべきです。

⑥私品持込み・使用禁止
　会社の所有物であるトラックをドライバー個人の趣味で飾ったり、一部の部品・設備を交換したりすることは禁止しなくてはなりません。
　実際は、トラックを飾ったり、ギアシフトを交換するなど車両を大切に扱っている事例に遭遇したこともありますが、ここは一律的に禁止すべきです。1つ許してしまうと、際限がなくなり結果的に安全運行を損なうことになりかねません。

⑦個人情報の取り扱い

ドライブレコーダーに記録されるドライバーの音声や画像（運転席向けにドライブレコーダーが向いている場合）について、個人情報としての取扱いを検討すべきかもしれません。

⑧安全に対する義務

まさに交通事故防止・削減に対する本丸です。この件については、詳しく後述します。

⑨各種健康診断の受診義務、就業禁止

運転に支障をきたす可能性のある疾患である
・睡眠時無呼吸症候群
・心臓疾患
・てんかん
・脳疾患
・精神疾患

などの疾患のなかには定期健康診断では特定できない疾患もありますので、診断するための検診を受診する義務を規定すべきでしょう。

また、検診の結果、運転に支障をきたす可能性のある疾患が判明した場合、ドライバーとしての就業禁止についても規定すべきでしょう。

⑩けん責、減給、出勤停止、降格、諭旨解雇及び懲戒解雇の事由

どのような事由でけん責、減給、出勤停止及び降格に処すのかを交通事故防止・削減の活動にからめて規定すべきです。具体的には、次のとおりですが、これらは要素がほとんどですから実際に規定する場合は具体的な基準を決めるべきです。

3 交通事故削減につながる「就業規則」とは？

- ・交通事故防止・削減のためにドライバーとして実施すべきことをしなかった場合
- ・道路交通法などの法令違反の場合
- ・酒気帯びもしくは飲酒運転
- ・交通事故
- ・アルコールチェッカーが0.00mgを超えた反応を示した場合
- ・安全に作業するための服装、装備違反
- ・交通事故の隠ぺい
- ・車両の目的外使用
- ・副業禁止規定を無視した行為
- ・危険運転
- ・運行管理者の指示を無視して改善基準告示違反となった場合
- ・重大な経歴詐称
- ・そのほか

⑪表　彰

　してはいけないことばかりを規定するのではなく、交通事故防止・削減に寄与したドライバー・従業員に対して積極的に表彰していく規定も有益に機能する場合があります。

使いこなすための「就業規則」、業務マニュアルとしての「就業規則」

　前節⑧安全に対する義務に対する規定内容を考えてみましょう。この規定内容こそが、交通事故防止・削減のための「就業規則」策定の本丸です。

　その前に組織運営に使用する文書階層について触れておきます。

　マネジメントシステムに取り組む場合、次のような文書階層を規定する場合が多いものです。

　・一次文書：マニュアルなど
　・二次文書：規定など
　・三次文書：手順書など

　次のような図をご覧になった方もいらっしゃるのではないでしょうか？

◆ 組織運営に使用する文書階層

| 一次文書：マニュアルなど |
| 二次文書：規定など |
| 三次文書：手順書など |
| 記　録 |

　この文書階層では、最上位の一次文書が一番重要な文書としての位置づけであり、次に二次文書、その次に三次文書という展開です。

　組織の状況や業務の複雑さにより、一次文書だけで完結する場合もあれば、六次文書までの階層が存在する組織もあります。

　一次文書に組織運営のすべてのことが規定できれば簡単なのですが、

4 使いこなすための「就業規則」、業務マニュアルとしての「就業規則」

なかなかそうはいかずに一次文書に規定しきれないことは、二次文書への展開を示唆することになります。一次文書への規定事例としては、
- 詳細については「〇〇規定」による
- 「〇〇規定」参照

という形になります。

また、文書名については組織ごとで馴染みのある名称で構わないと思います。細かいことを言い出すと「マニュアル」、「規定」、「手順書」の違いはあるのですが、そこにこだわるよりも実務的に使用しやすい文書を策定していくことに重点を置いてください。

記録についても少々触れておきましょう。

文書は、指示があり、組織の状況により改訂されていきますが、記録は事実を残す媒体であり、一度記載された記録を修正することは、場合によっては処罰の対象となります。

また、記録は **自社を守るツール** だと思ってください。

例えば、自社の物流センター内でフォークリフトによる労災事故が発生し、被災者が重傷を負った場合、記録の有無で労働基準監督署の対応が変わるのではないでしょうか。

例えば、物流センター内における労災事故防止のために
- 毎朝、危険予知活動の実施
- 毎朝、作業前に安全チェックの実施
- 週1回の安全パトロール実施
- 2週間に1回の安全ミーティングの実施

などが実施されていたとしても、これらの実施の記録がなければ、未実施と同様に扱われる可能性が高いのです。逆にこれらの実施を詳細に記録した媒体が残っていれば、ある程度の労災事故防止活動を実施したうえで発生した事故として扱われ、なにも対策を施していない状態で発生した事故とは扱われ方が異なると思われます。

記録の説明から文書の説明に戻しましょう。

私の提案は、「就業規則」を「就業マニュアル」として文書階層の最上位の一次文書として扱ってはいかがでしょうか？　ということです。

情報セキュリティマネジメントシステム（ISMS）を指導させていただくとき、「情報セキュリティマニュアル」を一次文書に「就業規則」を二次文書もしくは三次文書として文書体系に組み込むことが多いのですが、組織を動かしている人に関する文書で重要な労使関係を規定した文書である「就業規則」こそ、一次文書に相応しいのではないか？　と思えてしまいます。特に一次文書であるのか二次・三次文書であるのかをこだわる必要性はないのかもしれませんが、「就業規則」はそれだけ重要な文書です。

そして、運輸事業者であれば、「就業規則」に交通事故防止・削減のために実施すべきことを組み込んでいきます。また、「運行管理規程」、「整備管理規程」、「安全管理規程」（該当業者のみ）についても文書階層に組み込む必要があるでしょう。

では、具体的に交通事故防止・削減のための活動で「就業規則」に組み込むべきことを見ていくのですが、実は、内容の主なものは、**第2章③ (6)「①『マニュアル』の作成について」**なのです。

交通事故削減の取組みのための「マニュアル」のどの箇所と「就業規則」を融合させるのか。これが大切なのです。では、見てみましょう。

①輸送安全方針

運輸事業にとって一番重要視すべきは、輸送の安全の実現です。その経営者としての想いを明文化した「輸送安全方針」を「就業規則」の一番最初に掲載すべきだと思います。

運輸事業者にとってのアイデンティティ（存在意義）を「就業規則」の最初に掲載することにより、その組織で働く従業員に安全の実現の重要性を強く認識していただきたいのです。逆に、従業員として安全

の実現に寄与する行動ができないのであれば、運輸事業者としての存在意義がゼロであるとも言えます。

　経営者にとって輸送の安全の実現は非常に重要なことであり、運輸事業の経営者は決して、安全の実現から逃げてはならず、すべての責任を負ってこそ運輸事業の経営者と言えます。ただ、日常の輸送業務を担っているのは従業員ですから、その従業員に強く安全の重要性を認識させることを運輸事業の経営者がコミットメントするうえでも、「就業規則」の最初に「輸送安全方針」を掲載すべきなのです。

②時短方針

　運輸事業者にとって交通事故の大きな原因である長時間労働が存在しているかぎり、「時短方針」についても、「輸送安全方針」と同様に「就業規則」の最初に掲載すべきです。

　特に運輸事業の経営者のなかには、「長時間働いてくれるドライバーは優秀な人材」と位置づけている方がいらっしゃいます。積極的に業務処理してくれる → 長時間労働が必要 → 長時間労働を厭わないドライバーは優秀であるとの展開から、その気持ちもわからないでもないのですが、長時間労働を放置しておくことは、運輸事業が立ち行かなくなり組織の存続自体が危ぶまれることを強く認識して、ドライバーの長時間労働を是正していかなくてはなりません。そのためにも、「就業規則」に「時短方針」を掲載すべきでしょう。

③「やるべきことカレンダー」の内容及び日常の実施事項

　「やるべきことカレンダー」については、**第2章③（7）「②『やるべきことカレンダー』の作成」**についてで説明しましたが改めて説明します。

　「やるべきことカレンダー」は、交通事故防止・削減のために実施すべきことを次の内容で明確にした文書です。

第3章 交通事故削減のための「就業規則」の作成

・毎日、実施すること
・毎週、実施すること
・毎月、実施すること
・○○○○のときに実施すること
（例：ドライバー採用時、事故発生時など）

　以上のなかから、ドライバーとしてやらなくてはならない義務事項を「就業規則」に規定していくのです。具体的には次の内容が考えられます（抜粋。一部、**本章③ 交通事故削減につながる「就業規則」とは？**の内容と重複します）。また、「やるべきことカレンダー」に規定していない日常の実施事項についても必要に応じて規定してください。

■日々の義務事項
・日常の運行（走行）について
・毎日、必ず点呼を受ける（体調不良は報告する）
・下請け運輸事業者へ法令違反を促す依頼を慎む
・交通事故防止・削減のための目標と実施計画を運用、検証する
・ヒヤリ・ハット報告書を提出する
・他社事故情報を報告する
・遵守すべき法令を必ず遵守する
・改善基準告示を遵守する（連続運転時間、拘束時間など）
・デジタルタコグラフの評価○を目指す
・アルコールチェッカーを必ず使用する
・指差し呼称の実施
・過積載の禁止
・貨物の積載方法
・輪留め、歯止めの設置
・運転管理日報を漏れなく記載する
・車両、設備及び機械を大切に扱うこと
・車両の点検・整備に関すること
・運転マナーについて
・運行管理者、整備管理者について
・文書、記録の提出や管理について

4 使いこなすための「就業規則」、業務マニュアルとしての「就業規則」

・特別積合せ貨物運輸事業の乗務基準
・特別積合せ貨物運輸事業の服務規律

■月々の義務事項
・教育訓練計画で計画された教育訓練を受講する
・交通事故防止・削減のための目標と実施計画を策定する
・安全会議に出席する
・適性診断受診について

■○○実施について
・内部監査員として任命された場合、内部監査員の義務を果たす
・マネジメントレビューの実施について

■○○への実施対応時
・乗務員の指導・監督（法定11項目）
・特別な指導を受ける
　（初任運転者、事故惹起運転者、高齢運転者）
・提出すべき文書を提出する（「誓約書」「運転記録証明」など）
・同乗指導を受ける
・内部監査実施時には誠実に包み隠さず対応する
・「運転者台帳」への記載内容に変更があった場合の速やかな報告
・事故発生・緊急事態発生時の対応手順
・交通違反を起こした場合の速やかな報告
・運転免許更新時の写しの提出
・荷主からの要請があった場合の速やかな報告
・異常気象時の対応
・デジタルタコグラフ、運行記録計データに基づく指導を受ける

そして、前述の規定内容には当然、
・いつ
・誰が
・なにを
・どのように

・誰に対して（どこに対して）

を規定してください。

　前述の「就業規則」へのドライバーとしての義務事項の規定方法は次の３つが考えられます。

　a　「就業規則」に「やるべきことカレンダー」をそのまま加える
　b　「就業規則」に「やるべきことカレンダー」や「日常の実施事項」などのドライバーの義務事項を散りばめる
　c　「就業規則」に「やるべきことカレンダー」の「ドライバーの義務事項」と「日常の実施事項」を散りばめたうえで、「日常の実施事項」が明文化された文書へ展開を示唆した文言を入れる

　このa、b、cのなかで、cをおすすめします。

　「就業規則」に「やるべきことカレンダー」やドライバーの日常の実施事項のなかで特に重要と思われる内容を散りばめ、さらに、「やるべきことカレンダー」や日常の実施事項を明文化した文書への展開を示唆するのです。これにより、いわゆる"抜け"がなくなるでしょう。

「就業規則」は隠さないで

　「就業規則」を○○に役立てるという考えや、使いこなすという考えを運輸事業者に提案すると、

　　　「就業規則」を公表していないのでそれはちょっと……

と、おっしゃる管理者や経営者がいます。
　正直、「就業規則」を周知させていない組織によくお目にかかります。「就業規則」は周知させなくてはならないのは当然なのですが、なぜ、周知させていないのか？　一番多いのは、

　　　有給休暇の存在を知らせたくない

という理由が多いと思われます。
　確かに経営者側からすると、1日の所定労働時間が8時間の場合、休日数は年間105日になるので、「これ以上、まだ休みたいのか！」と言いたくなる気持ちもわからなくはありません。
　しかし、休日は105日与えられなくても（1日8時間労働の組織の場合）、休日出勤手当や時間外労働手当を適切に支払っている運輸事業者の場合は、「就業規則」を周知させている場合が多いのです。
　逆に、多少グレーと思われる休日出勤手当や時間外労働手当の支払い方法をしている運輸事業者や一部支払っていない運輸事業者の場合に「就業規則」の周知をしていない場合が多いと思われます。このような運輸事業者は「負のスパイラル」に陥っているので、そのまま消えていくのか、経営者の英断でどこかでリセットしなくてはなりません。その"リセット"こそが、「就業規則」の周知です。
　正直、有給休暇のことを認識していない従業員は非常に少数派です。

また、ネット上にはこの手の情報は氾濫しており、なかには信頼しかねるいい加減な情報もあります。このようないい加減な情報をもとに誤った要求をされるより、自社の労使のルールを規定した「就業規則」を堂々と周知して、さらに、交通事故防止・削減につながる活動を推進させることが必要なのです。
　「就業規則」に、有給休暇付与日数を具体的に記載しない方法もあるのですが、そのようなことを思案するよりも、いかに交通事故を防止・削減するために従業員にどのようなことをしてもらうのかについて知恵をしぼるべきです。
　また、「就業規則」を周知していない運輸事業者のなかには、有給休暇の存在を知らせたくない以外にもさまざまな事情がありますが、いずれにしても、法令に則った組織運営をしたくないことが原因ですから、大なり小なり問題のある組織と言えましょう。
　どうか、本書をお読みの運輸事業者の方は「就業規則」を隠さないでください。「就業規則」を隠すよりも、オープンにしたうえで使いこなした方が、はるかに得られる果実が大きいことを実感していただけるでしょう。

不利益変更は誤解

　「就業規則」に、交通事故防止・削減のためのやるべきことを規定することについて、不利益変更だと思われる可能性がありますが、それは誤解でしょう。
　不利益変更とは、労働者の既得権を減少させる変更です。
　運輸事業者にとって、交通事故防止・削減は当然のことであり、社会的使命です。そのために運輸事業者で働く労働者が通常の業務範囲内で交通事故を防止・削減するための活動が不利益変更になるわけがありません。
　ただ、前述の考え方は一般的な常識論で捉えてください。
　さすがに、交通事故防止・削減活動においては遭遇したことはありませんが、長時間労働是正活動において次のような組織を幾つか見てきました（もちろん私の指導先ではありません）。
　a　残業削減プロジェクト自体がサービス残業
　b　長時間労働の削減と称してタイムカードを早めに打刻　など
　aの組織の言い分としては、
「残業を削減するためのプロジェクト（毎週火曜日の18時～19時実施）なので、プロジェクトの実施で残業が増えることは本末転倒になるので残業時間にカウントせずに、自主的参加とした」
とのことでした。
　私は、プロジェクトを残業時間としてカウントしないことの方が本末転倒と思うのですが、非常にあきれた事例でした。
　bの組織については、いま流行の「小手先の長時間労働対策」の影響です。
　そもそも、残業削減に取り組んだところでやるべき仕事の量は同じ

第3章　交通事故削減のための「就業規則」の作成

であり、かつ、残業になっている原因を特定もしないで、いきなり強制消灯やノー残業デーをつくっても意味がないのです。結局、
・午後6時に強制消灯→照明・エアコンが切れた社内で隠れて残業
・残業の許可制→自宅に持ち帰り違法残業
・ノー残業デーの設置→自宅に持ち帰り違法残業

となってしまいます。

bのタイムカードを早めに打刻するについても、これにより見せかけの（タイムカード上の）残業は削減できますが、これはれっきとした違法残業です。

読者から寄せられた小手先の残業削減対策にはさまざまなものがあり、なかにはあきれるもの、思わず笑ってしまうもの、法令違反と思われるものなどがありました。

このような小手先の残業削減対策が横行しており、私も『PRESIDENT WOMAN 2016年10月号』（プレジデント社発行）の「矛盾だらけ、昭和な残業対策、4タイプ別対処法」で読者から寄せられた小手先の残業削減対策に専門家としてアドバイスさせていただきました。

このようなことを「就業規則」にやんわりと別の表現にしても規定してしまうと、不利益変更と判断されても仕方ないでしょう。

再度説明しますが、運輸事業者にとって、交通事故防止・削減は当然で社会的使命なのですから、そのために運輸事業者で働く労働者が通常の業務範囲内で交通事故を防止・削減するための活動は不利益変更に該当しないことはもちろん、労働者自身にとっても利益があることですから（交通事故の加害者・被害者にならない）、前述の**a**、**b**のような例を除いて、不利益変更に該当しないことをご理解ください。

「交通事故削減のための就業規則」
＝「従業員を守る就業規則」

「就業規則」というと、使用者側が労働者側に対して、
・やらせること
・やってはいけないこと
を列挙した文書のイメージを持っている方も多いと思いますが、交通事故防止・削減の活動を組み込んだ「就業規則」は、従業員を守るための文書になります。

もっとわかりやすく表現すると
・従業員を犯罪者にしないための文書
・従業員の命を守るための文書
・従業員の家族を守るための文書
などと、なります。

ですから、「就業規則」を交通事故防止・削減のための文書に改訂することに躊躇しないでください。

　　　これは、**従業員のためであり、社会のため** なのです。

第 3 章 交通事故削減のための「就業規則」の作成

「就業規則」の作成を社会保険労務士に丸投げしないで

　通常、「就業規則」の作成を行う場合、専門家である社会保険労務士に作成を依頼される組織が多いのですが、その場合でも、社会保険労務士に「就業規則」作成の丸投げは慎むべきです。

　通常、「就業規則」を社会保険労務士に作成依頼する場合、次のプロセスが一般的だと思われます。

① 社会保険労務士による、組織の現状のヒアリング
② 現状から改訂すべきこと、新しく決定すべきことの決定
③ ①、②を反映した「就業規則（案）」が社会保険労務士より提示され、社内で確認（場合によっては、説明会の実施）
④ ③で変更箇所があった場合は変更し、変更箇所がなければ完成

　ただ、この作成プロセスはできれば慎むべきでしょう。なぜなら、作成を依頼した社会保険労務士が保有している「就業規則」のひな形の内容がほとんど踏襲（とうしゅう）されてしまうからです。

　ひな形を使用することは全く問題がなく、その「就業規則」のひな形に組織の実態を入れ込んでいけばよいのですが、実態を入れ込むのは始業時刻・終業時刻、休日、賃金関係などが主で、ほとんどがひな形の内容がそのまま使用されることになってしまいます。

　「就業規則」作成のプロである社会保険労務士が保有・使用している「就業規則」のひな形ですから、特に問題はないのですが、本書で主張している、「就業規則」を交通事故防止・削減のために使いこなすには、「就業規則」の作成を社会保険労務士に任せるのではなく、現状を如実に反映すべく、

「就業規則」の作成をプロジェクトで行うべきなのです

具体的には、
- 「『就業規則』作成プロジェクト」のメンバーを選定する
- プロジェクトメンバーと社会保険労務士が集まり、その場で「就業規則」を作成していく

ということです。

プロジェクトメンバーは、社長、総務担当、運行管理者、ドライバー、組合委員長もしくは労働者代表の5～8人くらいです。そこに社会保険労務士が加わり（できれば交通事故削減活動に精通した社会保険労務士）、「就業規則」のひな形をプロジェクターに映して、内容を討議・確定・入力していくのです。

この「就業規則」をプロジェクトの場で作成する場合の時間は、組織の規模、内容及び出席者により異なりますが、

1回（3時間）×2回～6回

ほどで完成します。

この方法の場合、社会保険労務士がひな形をもとにヒアリング結果を作成して「就業規則（案）」の承認を会社側に求め、何か月も放置されるリスクがなくなりますし、可能であればプロジェクトの過程をボイスレコーダーで録音しておけば、労働組合委員長もしくは労働者代表が出席しているので、後々、双方にとっての言い分の食い違いがなくなるでしょう。

ただ、こうした「就業規則」の作成方法を嫌がる社会保険労務士もいるようですので事前に確認してみてください。

第3章　交通事故削減のための「就業規則」の作成

9 交通事故削減の仕組みを理解したうえで作成することが必要

前節では、「就業規則」の作成をプロジェクトで作成することをおすすめしました。

そのプロジェクトで作成する場合の注意点として、

交通事故防止・削減の仕組みを理解しておく

ことが非常に重要です。

交通事故防止・削減の仕組みを理解せずに、「就業規則」の作成をすべくプロジェクトでひな形をプロジェクターに映して、「さぁ、作成しよう！」と意気込んでも、一般的な「就業規則」の内容は社会保険労務士がついているので規定していくことはできると思いますが、交通事故防止・削減についての規定はなかなか決まりません。そのようなことにならないためには次の2つが考えられます。

　a　あらかじめ、交通事故防止・削減の仕組みを策定しておく
　b　交通事故防止・削減に詳しい専門家に同席してもらう

この2つの方法のいずれかで問題は解決するのですが、bの場合、なかなか交通事故防止・削減に詳しい専門家が見つからず、もし、見つかったとしても、具体的な仕組みやプロセスについての展開ができない専門家も多数いるので注意が必要です。例えば、交通事故防止・削減につながる個々の手法については詳しいのですが、それを一連の仕組みとして関連づけられない場合が多いのです。

以上の現実から、私はaの方法をおすすめします。

確かに組織内であらかじめ、交通事故防止・削減の仕組みをつくっておかなくてはなりませんが、この方法の方が結果的に時間の節約になるでしょう。

10 製造業の手順書の"わかりやすさ"を「就業規則」に組み入れよう

　マネジメントシステム監査で製造業にお邪魔して、さまざまな文書（マニュアル、規定、手順書、QC工程表など）を拝見すると、非常にわかりやすい文書が存在しています。
　この"わかりやすさ"を「就業規則」にも組み込んでいただきたいのです。このことは製造業に従事している方自身も気づいていないのですが、非常にもったいないことです。
　この着眼点のアイデアはいくつもあるのですが、1つだけ具体例を示します。

■不良見本、限度見本、標準見本について

　製造業以外の方には馴染みのない文言だと思いますので説明しましょう。
　・不良見本：
　購入した部品・資材、製造中の半製品、製造後の完成品などで、「このような状態の場合は不良品ですよ」と現物もしくは写真・絵を使い示したものです。
　・限度見本：
　購入した部品・資材、製造中の半製品、製造後の完成品などで、「このような状態の場合、ぎりぎりOKですよ」と現物もしくは写真・絵を使い示したものです。
　・標準見本：
　購入した部品・資材、製造中の半製品、製造後の完成品などで、「このような状態が標準のできばえですよ」と現物もしくは写真・絵を使い示したものです。

では、これらの不良見本、限度見本、標準見本を「就業規則」でどのように使用するのでしょうか？

例えば、服装の標準見本（不良見本、限度見本）を写真で「就業規則」に掲載してはいかがでしょうか。

このような表現はあまりしたくないのですが、「いまどきの従業員は具体的に示さないと類推解釈ができない」というような意見をよく耳にします。で、あれば、ビジュアル的に

・これはダメ：不良見本

・ここまでが限界：限度見本

・これが通常：標準見本

を「就業規則」に写真で掲載するのです。

また、服装以外にも

・ネイルアート

・タトゥー

・髪型

・髪の色

・ピアスの位置

・靴下の色

・靴

など、いろいろ使用できます。

運輸事業においては

・トラックの汚れ具合

・タイヤの摩耗状態

・ステッカーの位置

などをビジュアル的に示せます。

以上、製造業における不良見本、限度見本、標準見本について説明しましたが、ほかにも「就業規則」に活用できる製造業の文書（QC工程表など）がありますので積極的に取り入れるとよいでしょう。

11 「就業規則全社員向け説明会」は必ず開催しよう

　本章⑤で、「就業規則」の周知についての必要性を説明しましたが、交通事故防止・削減のために使いこなすための「就業規則」については、周知の方法として必ず

　　　　全社員向け説明会を実施してください！

　すべての内容を説明しなくても構いませんが、主だった労使関係箇所と交通事故防止・削減活動については説明してください。
　内容にもよりますが、1時間程度で大丈夫です。
　そして、できればその状況をビデオ撮影し、欠席者に後日、観てもらいましょう。このビデオ撮影は欠席者対策だけではなく、内容について意見を求めた証拠にもなります。
　この説明会開催の真の目的は、

　　　　交通事故をなんとしても減らすんだ！

という経営者の強い想いを披露する場になるからです。

終章

いざ、プロジェクトを立ち上げて開始しよう！

終章　いざ、プロジェクトを立ち上げて開始しよう！

 交通事故削減対策の手詰まり感？

　交通事故削減・防止のお手伝いを専門的にさせていただいてから、15年以上経過しましたが、運輸事業者としてこれらの取組みに手詰まり感を感じている経営者が相当数いらっしゃいます。
　これは、なにも既存の交通事故・防止対策に効果がないということではなく、次の状態です。
- 一つひとつの対策はある程度の効果は出ていると思われるが、劇的な効果が感じられない
- ある対策を施して効果が出ても、ほかの原因で交通事故発生というイタチごっこ的な状況

　なぜ、このような状態なのでしょうか？
　答えはカンタンです。

一つひとつの交通事故防止・削減対策につながりがないから

なのです。
　ようするに、場当たり的、思いつきの対策だからです。
　"場当たり的"、"思いつき"の対策であったとしてもそれなりの効果や一時的な効果を出すことは可能なので、その対策をそのまま継続していくのですが、所詮は"場当たり的"、"思いつき"の対策ですから、
- 劇的な効果にはつながらない
- ほかの原因で交通事故発生

という、前述の手詰まり感につながるのです。
　私は20年近くマネジメントシステムコンサルタント・審査員として活動してきましたが、このような"場当たり的"、"思いつき"の活動に対する限界を常に感じています。

1　交通事故削減対策の手詰まり感？

マネジメントシステム審査の場で、受審組織の経営層や管理者から
・なぜ、当社の活動では成果が出ないのでしょうか？
・最近、この活動に限界を感じています
というような相談を受けるのです。

この場合、私は審査員として当該組織にお邪魔しているので、コンサルティング的なアドバイスは差し控えるべきであり（そのように決まっているのです）、「原因は○○ですよ」とは、申し上げがたいのですが、

そりゃそうですよ。一つひとつの取組みが連動していないのだから

と、内心でつぶやいてしまいます。

もちろん、マネジメントシステムの審査ですから、受審組織の取組みは連動していて当たり前なのですが、連動が不完全の場合やプロセスアプローチが実現できていない場合に成果はかなり限定的となります。

一つひとつの施策につながりがないから、場当たり的な交通事故防止・削減対策に終始してしまうのです。

例えば、ドライブレコーダー画像で危険運転映像が記録されていた場合、当該ドライバーに注意喚起して終わりにしていませんか？

つながりを持つとは、危険運転画像をドライバー向け研修会で視聴させ、全ドライバーに教育するなどの展開が必要であり、また、なぜドライブレコーダー画像に記録されていた危険運転を行ってしまったのかの原因を追究して、その原因を取り除く活動を全社的に実施するという、遡及からの展開が必要です。

仮に、問題発生事象を捉えた場合
・なぜ起きたのか？
・今後どうするのか？
を決定・実施しなくてはなりません。起きてしまった問題の処理だけでは無意味なのです。

例えば、アルコールチェッカーで0.15㎎を検知したドライバーがい

た場合、当該ドライバーを休憩室待機として実車させないだけの処置では不十分です。
- なぜ、アルコールチェッカーが反応したのか？（反応するまで飲酒したのか？）
- 今後の酒気帯び対策はどうするのか？

などを決定・実施していくべきなのです。

アルコール検知したドライバーをアルコール検知しなくなるまで休ませただけでは、単なる不適合処置であり、まさに「謝罪してお終い」という感覚です。これでは、再発防止は難しいでしょう。

以上のことは、小手先の長時間労働対策と一緒ですね。

長時間労働の原因をつかまないで、「午後6時強制消灯」、「ノー残業デー」などの小手先の事態対策を施しても効果に限界があるのです。

交通事故防止・削減のためには、ぜひ連動した仕組みを運用してください。

本書は、交通事故防止・削減対策のための本ですが、あなたの組織はある目的を達成するために

「木を見て森を見ず」になっていませんか？
大切なことを見逃していませんか？

また、

交通事故発生のとても大きな原因から逃げていませんか？

交通事故のとても大きな原因とは、

ドライバーの長時間労働 なのです。

運輸事業の経営者のなかには
- ドライバーの長時間労働は当たり前
- ドライバーの長時間労働で運輸事業が機能している

と思っている方も多いのでしょうが、本当にそうでしょうか？

　ドライバーに長時間労働を課し、ドライバーは残業手当や歩合給で潤い、会社は運賃収入を上げたところで所詮無理している状態なのです。その結果、

・交通事故を起こす
・ドライバーが心身に不調をきたす

ことになります。もし、これらの現象がいままで未発生であれば、それは、"たまたま"運がよいだけです。

　この"たまたま"が永遠に続くと信じているのでしょうか？

終章　いざ、プロジェクトを立ち上げて開始しよう！

 まずは、取り組んでみては？

「頑張れ」の掛け声だけで上手くいったらよいのですが、なかなかそうはいきません。

ただ、まずは「取り組んでみては？」なのです。

本書の内容を参考にして自社として、まずは取り組んでいただきたいのです。そのことにより、いろいろな、

・悪いこと
・良いこと
・継続すること
・やめるべきこと
・改善すること　　などが見えてきます。

確かに「段取り八分」という言葉があるように、計画がしっかりしていれば８割方成功したようなものというのは事実ではありますが、頭でっかちになってやるべきことをあれやこれやと悩んで、行動ができない状態よりも

まずは行動してみる

これが大切だと思います。

私は企業向けに、その企業独自のマネジメントシステムを構築した組織改革指導をさせていただいておりますが、今年から指導させていただいている某企業では、その企業独自のマネジメントシステム構築・運用を目的としながらも、優先課題として、まずは売上の確保が必要ということで、その取組みを実施しております。

この"まずは売上確保が必要"という状態で、「段取り八分」では困るのです。売上確保のために

まずは行動してみる

ことが必要です！

　交通事故防止・削減活動についても緊急の課題ではないでしょうか！

　運輸事業者のなかには、交通事故の発生に慣れきってしまっている残念な企業も散見されますが、それでは困るのです。

　組織としての緊急の課題である交通事故防止・削減のために、まずは頑張ってください！

「有言実行」あるのみ

序章②でも説明しましたが、

　　　　とにかく**「有言実行」**をしてください。

決して、「不言実行」で逃げないでください！

交通事故防止・削減対策取組み開始及び交通事故の大きな発生原因である長時間労働を削減するための取組みなどを開始することを社内はもちろんのこと、社外の利害関係者（発荷主、着荷主、顧客、取引先、銀行、トラック協会、行政機関、労働基準監督署、新聞社など）に堂々と公言してください。そして、必ず実行してください！

あなたの会社が交通事故防止・削減に取り組むことで、社会から必要とされる運輸事業者としての地位が、1段も2段も必ず上がりますから。

あとがき

　本書では、どのような取組みで交通事故が削減できるのかについて、実際に年間82件の交通事故を43件に半減し、1人あたりの月間労働時間を平均13時間43分削減したA社の取組みを交えて説明してきました。

　私はいままで、国交省が策定した「運輸安全マネジメント」や、議長国スウェーデンが中心となり策定された「ISO39001：RTSMS：道路交通安全マネジメントシステム」で成果を出すために活動してきました。

　同じ交通事故削減の先進国である日本とスウェーデンでは、なにが違うのか？　について自分なりに考え、ISO39001についてISO（スイス）のISO39001の技術委員会であるTC241の現議長：Mr. Anders Lie氏（スウェーデン道路交通省）、事務局長：Mr. Peter Hartzell氏（スウェーデン規格協会）からスウェーデンで直接レクチャーを受けた際に気づいた点として、

労働時間の差 がありました。

　気づいてみると交通事故の発生原因として「ドライバーの長時間労働」は誰でも予測がつくことでしたが、私自身、根本的な長時間労働削減の専門家としての自負がありながら、運輸事業者の長時間労働削減には消極的であったことは否めません。

　しかし、交通事故の大きな発生原因の1つが「ドライバーの長時間労働」であることが明白である限り、ドライバーの長時間労働対策を避けて交通事故防止・削減対策に取り組むことは適切ではありません。そのことから運輸事業者の長時間労働削減による交通事故防止・削減活動事例をもとに本書を執筆しました。

運輸事業者にとって、ドライバーの長時間労働削減は、ある意味、勇気のいる取組みですが、とても重要な取組みであり、実現可能ですから、社長は不退転の気持ちで実行に移してください。

　最後にこのような私を信頼して、おつきあいいただいているコンサルティング先のお客様、マネジメントシステム審査の受審企業の皆様どうもありがとうございます。

　また、私の留守を預かってくれている東海マネジメント・あおいコンサルタント株式会社の職員の皆さんありがとう。

　そして、出版の際、いつもお世話になっている有限会社インプルーブの小山氏、出版企画を採用していただいた株式会社労働調査会出版局の皆さんありがとうございます。

2016年12月11日
山本　昌幸

【参 考 文 献 等】

- 「社長のための残業ゼロ企業のつくり方」山本昌幸（税務経理協会）
- 「人手不足脱却のための組織改革」山本昌幸（経営書院）
- 「運輸安全マネジメント構築・運営マニュアル」山本昌幸（日本法令）
- 「ＣＳＲ企業必携！交通事故を減らすＩＳＯ39001のキモがわかる本」
　　　　　　　　　　　　　　　　　　　　山本昌幸、粟屋仁美（セルバ出版）
- 「『プロセスリストラ』を活用した真の残業削減・生産性向上・
　　人材育成　実践の手法」山本昌幸、末廣晴美（日本法令）
- 「５ミルのすすめ　人生を豊かにする仕事力強化法」
　　　　　　　　　　　　　　　　　　　　　　　　小林久貴（日本規格協会）
- 「JIS Q 9001：2015」（日本規格協会）
- 「JIS Q 14001：2015」（日本規格協会）
- 「対訳版　ISO39001：2012道路交通安全（RTS）
　　マネジメントシステム―要求事項及び利用の手引き」（日本規格協会）
- 「ISO39001：2012 Road traffic safety (RTS) management systems-
　　　　　　　　　　Requirements with guidance for use」（ISO）
- 「運輸事業者における安全管理の進め方に関するガイドライン」
　　　　　　　　　　　　　　　　　　　　　　　　　　　　　（国土交通省）
- 朝日新聞朝刊　2008年　「ルポにっぽん」金成隆一
- 「The Vision Zero:What it is and what it has done in Sweden,
　　　　MONASH University」R. Johansson, A. Lie, C. Tingvall
- 「GOVERNMENT STATUS REPORT, SWEDEN, NHTSA」
　　　　　　　　　　　　　　　　　　　Anders Lie, Claes Tingvall
- 「PRESIDENT WOMAN」2016年10月号
　　「SOS！『昭和な残業対策』　4タイプ別対処法」（プレジデント社）

【著者略歴】

山本 昌幸（やまもと まさゆき） 1963年生
あおいコンサルタント株式会社　代表取締役
社会保険労務士・行政書士事務所　東海マネジメント所長

マネジメントシステムコンサルタント、マネジメントシステム審査員として全国を行脚。
主要著作に、「社長のための残業ゼロ企業のつくり方」（税務経理協会）、「人手不足脱却のための組織改革」（経営書院）、「運輸安全マネジメント構築・運営マニュアル」（日本法令）、「CSR企業必携！交通事故を減らすISO39001のキモがわかる本」（セルバ出版）、「『プロセスリストラ』を活用した真の残業削減・生産性向上・人材育成　実践の手法」（日本法令）。

［主な保有資格］
　　品質マネジメントシステム主任審査員（JRCA）、
　　環境マネジメントシステム主任審査員（CEAR）、
　　食品安全マネジメントシステム主任審査員（審査登録機関）、
　　道路交通安全マネジメントシステム主任審査員（審査登録機関）、
　　特定社会保険労務士、行政書士

［連絡先］
　あおいコンサルタント株式会社
　名古屋市中区栄3-28-21　建設業会館7階　☎052-269-3755
　メールアドレス：nakagawa@bk.iij4u.or.jp
　東海マネジメント・あおいコンサルタント株式会社HP
　　　　　　　　　　　　　　　　　　　：http://aoi-tokai.com
　運輸安全ドットコム：http://www.unyuanzen.net
　ISO39001ドットコム：http://www.iso39001.com
　ロードージカンドットコム：http://www.rodojikan.com

社長の決意で交通事故を半減!
社員を守るトラック運輸事業者の5つのノウハウ

平成29年1月10日　初版発行

著　者　山本　昌幸
発行人　藤澤　直明
発売所　労働調査会
　　　　〒170-0004 東京都豊島区北大塚2-4-5
　　　　TEL　03-3915-6401
　　　　FAX　03-3918-8618
　　　　http://www.chosakai.co.jp/

　　　　ⒸMasayuki Yamamoto 2017
企画・編集協力　インプルーブ　小山　睦男
ISBN978-4-86319-591-2 C2030

落丁・乱丁はお取り替えいたします。
本書の全部または一部を無断で複写複製することは、法律で認められた場合を除き、著作権の侵害となります。